中国近代新闻学名著系列丛书

芮必峰◎主编

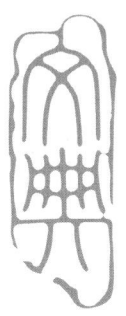

新闻概论

〔日〕杉村广太郎◎著

王文萱◎译

中国传媒大学出版社

·北京·

编委会

出版说明

本丛书整理再版了近代在中国用中文出版的经典新闻学著作，所涉及的图书既有专著、教材，也有译著，全面涵盖了新闻学理论、新闻业务、新闻史等领域，成书年份前后跨越40年。在这40年间，中国的新闻学科从无到有、从借鉴到创新，成就巨大。对这些著作的再次出版，为研究中国近代新闻学提供了珍贵的史料，绘制了中国近代新闻学的全景，度量了中国近代新闻学的厚度，填补了该领域空白，也为纪念中国新闻学诞生100周年献上了一份厚礼。

我们请中国人民大学新闻学院教授、博士生导师，广西大学新闻传播学院院长，教育部社会科学委员会委员兼新闻传播学科召集人郑保卫，及中国传媒大学传播研究院院长、教授、博士生导师，中央实施马克思主义理论研究和建设工程新闻学首席专家雷跃捷对本丛书的内容进行了审定，并根据专家的意见进行了修改。在此对两位专家所付出的辛勤劳动表示衷心感谢。

由于历史原因，本丛书中的个别图书存在一些问题，为保存历史原貌，为研究者提供一手的参考资料，影印时均基本保持其原貌，未作大的删改，希望读者结合当时的历史条件和历史环境，对其中的观点进行批判性借鉴。原书中存在一些错别字、漏字和排版错误，我们在影印时均未做改动，敬请读者注意。

由于原书出版年代久远，本丛书中的许多书籍难觅其踪，存世数量稀少，版权状况极其复杂。为了保证本丛书的学术性和完整性，我们将具有价值的图书先行选入其中，进行了抢救性发掘，力图保存中国新闻史珍贵的历史资料。版权所有人若有异议，请及时与我们联系。

为更好地体现中国近代新闻学的发展脉络，本丛书特别收录了欧美学者休曼的《实用新闻学》、斯蒂德的《新闻学的理论与实际》；日本学者松本君平的《新闻学》、后藤武男的《新闻纸研究》、杉村广太郎的《新闻概论》。当年这些书的出版对中国近代新闻学具有一定的借鉴意义。

本丛书为影印制作，成书清晰度由原书决定，由于出版年代久远，受当时生产力水平及制作方法限制，难免会存在一些缺陷，敬请读者谅解。

中国传媒大学出版社

总 序

如果从1903年商务印书馆编译出版日本人松本君平的《新闻学》算起，中国的新闻学已有115年历史①。如果从1918年北大新闻研究会建立，徐宝璜开办新闻学讲座算起，中国新闻学教育和研究迄今正好100年历史。我们搜集整理了清末至民国期间一些有代表性的新闻学书籍，希望借此重现早期中国近代新闻学的本来面貌，反映我国新闻学发展的历史脉络，我们认为，这对中国新闻学术、教育史研究以及中国近现代思想史研究都是很有意义的。

从1903年到1949年9月的40多年间，我国公开出版和内部印行的新闻学书籍，包括专著、教材、论文集、资料汇编、参考工具书等，约468种之多。②它们集中反映了我国新闻学的历史发展轨迹。然而，由于多种原因，这些书籍除了几本曾被重印出版外，大多已经是“只闻其名、难觅其踪”，这对我国新闻学研究不能不说是一个遗憾。

本丛书在梳理1903—1949年间出版的有代表性的新闻学书籍的基础上，精选了50部著作，校订注释，编纂再版，也算对这一遗憾的弥补。

从我们挑选的这50部新闻学书籍来看，中国早期新闻学的发展有三个鲜明的特点：

一、中国早期新闻学的发展与中国社会发展，尤其与国家民族利益息息相关

40多年间，中国新闻学从近乎空白到勃然而兴，这与中国社会的动荡、变

① 黄天鹏回顾新闻运动时说：“有清光绪二十八年，商务印书馆刊行《新闻学》一书，为我国人知有新闻学之始，原书为日人松本君平所著……”资料来源：黄天鹏．新闻运动之回顾［A］．黄天鹏．新闻学名论集［C］．上海：上海联合书店，1929．

② 林德海，等．中国新闻学书目大全1903—1987［M］．北京：新华出版社，1989．

革休戚相关。西方新闻学是现代化的产物，最早形成于19世纪末20世纪初。1901年，"新闻学"一词首见于中文报章[①]，但直到民国前夕，国人对于"新闻有学乎"尚存疑，认为报社就是新闻人才的"养成所"。至1912年上海报业俱进会以"吾国报业之不发达……其最大原因，则为无专门之人才"[②]为由，号召组织报业学堂，培养报业专门人才。不难看出，此时新闻界亦将新闻学视为办报之"技"。至1918年邵飘萍为徐宝璜《新闻学》作序仍"窃叹我国新闻界人才之寥落，良由无人以新闻为一学科而研究之者"[③]。黄天鹏把1903年至1918年新闻学研究会建立之前的十余年视为中国新闻学的启蒙期。[④]

1918年，随着以启蒙为目标的新文化运动愈演愈烈，新思潮涌入国门，"新学""西学"站在旧传统的对立面被学界关注，新闻学思想也不例外。作为公学之首和新文化运动中心的北京大学率先开办新闻学研究会，力证了"新闻学"存在的正当性；徐宝璜《新闻学》一书问世，成为中国新闻学理论的奠基之作。新闻学教育兴起，新闻学研究著作渐盛，待到北伐前夕，中国新闻学从学理上和实践上俱已建立起来。

新文化运动后期，马克思主义传入中国，资本主义文明逐渐"祛魅"。之后的大萧条使得西方国家的痼疾暴露无遗，曾经"理想之彼方"的西方报业也难以幸免。在这一时代背景下，如何建立"吾国之报业"成为新闻学研究的热点，围绕这一热点，一方面，关于中外新闻理论、新闻事业、新闻业务的著作日益涌现；另一方面，军阀对于激进言论的暴力摧残，又引发了新闻人对于言论自由的论争。20世纪20年代的中国新闻学呈现百家争鸣之势。

"在这言论自由纷争之际，也有若干论调，认为新闻纸不过是一种政治宣传的工具，在新闻学方面也唱过所谓社会主义的新闻理论，不过这种论调没有完成，当头的国难已把这种理论粉碎。"[⑤]"九一八"事变后，面对空前的民族危机，"国家至上、民族至上"成为国论，报业成为勾连与动员社会的渠道和网络，

---

① 梁启超．本馆第一百册祝辞并论报馆之责任及本馆之经历［J］．清议报，1901（100）：1–8．

② 戈公振．中国报学史［M］．上海：上海书店，1989：278．

③ 徐宝璜．新闻学［M］．长春：时代文艺出版社，2009：7．

④ 黄天鹏．四十年来中国新闻学之演进［M］//龙伟，任羽中，王晓安，何林，吴浩．民国新闻教育史料选辑．北京：北京大学出版社，2010：149．（以下征引本书时，一律简注为《民国新闻教育史料选辑》。）黄天鹏在此文中提出他对于1903年到战事结束的40余年间中国新闻学发展阶段的划分，原载《中国新闻学会年刊》第1期，1942年9月。

⑤ 黄天鹏．四十年来中国新闻学之演进［M］//民国新闻教育史料选辑．北京：北京大学出版社，2010：161．

致力于推动“舆论统一”。直到全面抗战中期之前，以战争宣传动员为主要研究目标的“战时新闻学”都是新闻学研究的热点。

1943—1949年中华人民共和国成立前夕，随着战争形势的转变，抗日战争已现胜利的曙光，中国新闻学人开始构想新闻业的未来。萨空了①于1943年开始着手书写《科学的新闻学概论》，旨在提醒新闻人应“鉴于美英的前车”②，避免报纸“为大财阀资本家所独占”③，“积极地设法使报纸成为大多数民众自己的相互报道消息、提供意见的工具”④。

二、中国新闻学是“西学东渐”的产物，中国早期新闻学人大多具备西学背景

“西学东渐”的内在精神是中体西用。在“用”的招牌下，西学大量涌入。中国新闻学直接引自日本和美国。首先，中国最早的新闻学译著分别为1903年商务印书馆编辑出版的松本君平的《新闻学》和1913年美国记者休曼著、史青编译的《实用新闻学》。前者成为中国新闻学的开端，而后者作为美国第一本新闻教育著作，“提供采访编辑各种实际问题的解决方案”⑤，也奠定了中国新闻人对于新闻教育之作用的基本构想。

早期中国新闻学人大多具备留美留日的求学背景。徐宝璜曾于美国密歇根大学修习经济学与新闻学，其《新闻学》（1919）的参考文献包括在美国出版的图书23种、在英国出版的图书7种，印证了时任北大校长蔡元培所言，“新闻学之取资，以美为最便矣”⑥。任白涛求学日本早稻田大学政治经济学系时，加入了《朝日新闻》名记者杉村楚人冠等筹建的“大日本新闻学会”⑦，《应用新闻学》

---

① 萨空了（1907—1988）四川成都人，蒙古族，笔名了了、艾秋飚，记者、主编、新闻学家。1927年任《北京晚报》《世界日报》编辑记者、《世界画报》总编辑。曾任教民国学院新闻系、北京新闻专科学校。1935年任上海《立报》副刊主编、总编辑兼经理。中华人民共和国成立后任中央人民政府新闻总署副署长兼新闻摄影局局长、出版总署副署长、全国政协副秘书长兼《人民政协报》总编辑等职。负责主编《中国大百科全书·新闻出版》卷，著有《科学的新闻学概论》《科学的艺术概论》《宣传心理研究》等。

② 萨空了. 科学的新闻学概论［M］. 香港：文化供应社，1946：36.

③ 萨空了. 科学的新闻学概论［M］. 香港：文化供应社，1946：36.

④ 萨空了. 科学的新闻学概论［M］. 香港：文化供应社，1946：36.

⑤ 黄天鹏. 四十年来中国新闻学之演进［M］//龙伟，任羽中，王晓安，何林，吴浩. 民国新闻教育史料选辑，北京：北京大学出版社，2010：157.

⑥ 邓绍根. 中国新闻学的筚路蓝缕：北京大学新闻学研究会［M］. 北京：清华大学出版社，2015：228.

⑦ 1915年《朝日新闻》的杉村楚人冠等在庆应义塾大学创办“新闻研究会”并讲授课程，后根据该讲义出版了《最近新闻纸学》（1918）。其时，杉村楚人冠还兼任“大日本新闻学会”的筹建者与学会新闻讲座讲师。

（1922）正是仿照杉村楚人冠《最近新闻纸学》一书体例所做。[①]邵飘萍的《实际应用新闻学》（1923）亦参考了《最近新闻纸学》。[②]杉村楚人冠深受美、德新闻思想熏陶，美、日、德的新闻思想因故才传到中国。

事实上，正是留美、留日学生群体的新闻学著述构建起了中国早期新闻学的基本框架。仅本丛书所涉国内著（编）者30人中，剔除资料不详者3人，有留学经历者共计15人。其中留美5人：徐宝璜、伍超、赵敏恒[③]、戈公振[④]、曹用先[⑤]；留日8人：吴定九[⑥]、邵飘萍、黄天鹏、任白涛、张友渔[⑦]、谢六逸、袁殊[⑧]、王文萱[⑨]；

① 周光明．近代新闻史论稿［M］．北京：社会科学文献出版社，2014：276．

② 方晓红．中国新闻简史［M］．南京：南京师范大学出版社，1996：122．

③ 赵敏恒（1904—1961），记者、新闻学教授。早年就读于清华大学，1923年起先后于美国科罗拉多大学文学院、密苏里大学新闻学院、哥伦比亚大学新闻学院攻读英国文学和新闻学，并获新闻学硕士学位。1925年起在纽约环球通讯社当编辑。1927年回国，在国民政府外交部情报处短暂工作后加入路透社。1945年10月任《新闻报》总编，兼任复旦大学新闻学教授。

④ 留学两个及两个以上国家的，按其留学的第一个国家计。

⑤ 曹用先，女，宁波人，天津南开大学社会科毕业。1926年与未婚夫查良鉴自南开大学毕业后，同赴密歇根大学留学，1930年在该校安娜堡完婚。硕士毕业后回国，曾就职于上海商务印书馆编辑所并任教于大夏大学，1949年与查赴台，1951年4月病逝于台湾。

⑥ 吴定九（1890—1930），名鼎，字定九，嘉定人。著名报人，《京报》元勋之一，著有《新闻事业经营法》。公派赴日本名古屋学习土木工程时，与在东京政法学校读书的邵飘萍成为密友。1923年9月，私立北京平民大学设立报学系，时任京报社经理的吴定九担任教授并讲授专业课程“新闻经营法”。

⑦ 张友渔（1898—1992），原名张象鼎，字友彝，又名张忧虞，山西灵石人。法学家、政治学家、新闻学家。先后求学于山西第一师范学校，国立北平法政大学法律系。1927年任《国民晚报》社长兼总编辑。同年加入中国共产党，任中共北平市委委员兼秘书长。1930年赴日留学。“九一八”事变后回国任《世界日报》主笔及燕京大学、中国大学、民国大学、中法大学、北平大学法商学院教授，讲授宪法学、劳动法学、新闻学和日本问题。1943年起在重庆任中共南方局文委秘书长、《新华日报》社论委员会委员、中共重庆工作委员会候补委员兼政策研究室副主任、《新华日报》代总编辑等职。

⑧ 袁殊（1911—1987），中共谍报人员、记者、新闻学者。早年赴日攻读新闻学、东洋史。曾创办上海自修大学并设新闻专科。1931年3月创办的《文艺新闻》，最早揭露了左联五烈士被害的消息。1932年任新声通讯社记者，经潘汉年引介加入共产党。1942年卧底敌伪报纸《新中国报》，1945年10月转移到苏北解放区；1949年调入中央情报部门。著《记者道》《学校新闻讲话》《新闻大王赫斯特》等书；译《新闻法制论》等。

⑨ 王文萱，曾留学日本，1930年5月翻译杉村广太郎的《新闻概论》。1942年国立社会教育学院新闻系成立，王文萱在该系教授新闻业务课程。1947年年初，李宗仁授意萧一山在北平创办《经世日报》作为喉舌，任命王文萱、蓝文澄两位教授为主笔。

旅欧2人为胡愈之和储玉坤[①]（详情见表）。这些涉足新闻学研究的归国留学生兼容并蓄，汲取美、日、德等国新闻理论和马克思主义新闻思想的精华，进行本土化改良，亦从侧面反映出中国新闻学的理论来源。

三、中国早期新闻学人往往兼新闻实践、新闻教育、新闻研究于一身

1918年，北京大学新闻学研究会成立，徐宝璜负责讲授新闻学知识。他结合自身从业经验，参考欧美新闻学书目，形成课程讲义；再结合讲课心得，不断完善新闻学理论。1919年，国人自撰的第一本新闻学专著《新闻学》最终成书。徐在自序中细陈写书修书之过程："新闻学乃近世青年学问之一种，尚在发育时期。余对于斯学，虽曾稍事涉猎，然并无系统之研究。客岁蔡校长设立新闻学研究会，命余主任其事，并兼任导师。余乃于暑假中，正式加以研究，就所得著《新闻学大意》一篇，以为开会后讲演之用。……开会后，余继续研究，加以会员之质疑问难，时有心得，遂将原稿加以修改，成第二次之稿……"[②]显然，"曾稍事涉猎"指其曾经担任《晨报》主笔的工作经历。早期中国新闻学人兼具从业经验和新闻学教学经验者多会总结实践经验、丰富新闻理论、著书立说、传道授业，这种情况并不鲜见。

从早期新闻学著作的作者（编者）身份来看：本丛书涉及国内著（编）者30人，除李公凡、刘元钊和鲁风三人身份不详，仅蒋国珍[③]、项士元[④]二人没有明确的新闻从业经验。而在这25人中，更有20人兼具从业经历与从教经历。新闻学人大多具有新闻从业经历，学术研究、传承活动与新闻实践密不可分（详

---

① 储玉坤，1912年生，江苏宜兴人，笔名雨君、储华。1937年中央政治学校大学部新闻学及国际政治专业毕业。1938年1月任《文汇报》编辑兼社论撰述者；1938年5月担任《文汇报》法国哈瓦斯分社编辑；抗战胜利后，任《文汇报》总主笔。1946年5月转任《申报》主笔和法国新闻社远东分社中文部主任，兼任中国新闻专科学校教务长和沪江大学新闻系教授。著有《现代新闻学概论》《第二次世界大战史》《美国经济》。

② 邓绍根，中国新闻学的筚路蓝缕［M］. 北京：清华大学出版社，2015：244.

③ 蒋国珍出生于1896年，江苏溧阳人，做过学生运动领袖、国民党党员、教育工作者、政府职员、银行经理。曾加入上海学生运动，代表上海全国各界联合会、全国学生联合会、上海各界联合会、学生联合会四团体发声。虞文俊认为其传世的《中国新闻发达史》翻译自日本人伊藤武雄的《中国新闻发达史》，即蒋国珍应为此书的译者而非著者。

④ 项士元（1887—1959），佛教居士、学者。原名元勋，号慈圆，又号石槎。浙江临海人，通日、英、德、梵、俄文，一生佛学著作等身。25岁毕业于杭州府中学堂，后办私立小学和赤城初级师范，兼任各校教师；捐资并赠书创办了临海图书馆。项士元长期辗转江浙等地从事教育、新闻和史志方面的研究工作。中华人民共和国成立后主持台州文管会，任浙江省文史馆馆员。所著《浙江新闻史》是中国最早的新闻史之一。

见表1[①])。

从新闻学著作本身来看，许多民国新闻学书籍正是新闻实践和新闻教育的直接产物：国人自撰的第一部新闻采访学专著——《实际应用新闻学》根据邵飘萍在北京大学新闻学研究会和平民大学新闻系的讲稿所著，《新闻学总论》一书则根据邵氏国立政法大学的新闻学讲义整理而成；周孝庵[②]根据自己在复旦大学的新闻学讲义编著了《最新实验新闻学》；郭步陶[③]的《本国新闻事业》是上海市私立申报新闻函授学校讲义之十一；而《新闻学的基础知识》本就是中美日报读讯会[④]为新闻学自修者所出版的教材《实用新闻学讲义》之一；储玉坤的《现代新闻学概论》则是专门为大学新闻理论教科书而编写的（详见表2）。

正是由于早期新闻学人兼新闻实践、新闻教育、新闻研究于一身，才能为理论教学与著述提供最鲜活的案例，促使新闻实践经验迅速融入新闻学理论研究。这是近代中国新闻学迅速发展的重要因素，对于当今的新闻学研究、新闻学教育工作也有重要启示。

本丛书编委会邀请相关领域资深专家进行研讨，认真甄选了书目，仔细进行了版本比较和甄别，从而保证了本丛书较高的学术权威性。

由于历史的局限，民国新闻学书籍的不足是明显的，如学术理论不成熟、部分话语和话题打上了深深的时代烙印等；又因书中涉及的新闻稿件写作于特定历史环境和历史年代，其表达方式不严谨亦不可避免。盖所选书目皆是历史文献，我们在审校中尽量保持其历史原貌，不做大的删改；对极个别对马克思

---

① 李秀云. 留学生与中国新闻学［M］. 天津：南开大学出版社，2009：239-251. 本书中李秀云整理了民国期间从事新闻学研究的留学生44人，并分析其留学国别构成、专业构成、新闻实践经历、从教经历等。

② 周孝庵（1900—1973），佛教学者、律师、报人。松江府人。毕业于江苏省立第一商业学校。历任上海时事新报馆记者、编辑、主编，著《最新实验新闻学》。1928年秋被复旦大学聘为新闻学教授。曾于上海法政大学获法学学士学位，1930年兼律师。1932年主编上海《新闻报》“法律质疑”栏目、编著了《法律质疑汇编》。上海沦陷后，曾氏关闭了律师事务所，潜心佛学研究。

③ 郭步陶（1879—1962），原名成爽，后改名惜，字步陶。四川隆昌人。名记者、新闻研究者。1911—1917年任《申报》编辑，1917年任《新闻报》编辑主任、主笔。1930年任教于复旦大学新闻系。上海沦陷后赴香港，任职于《申报》（香港）、《星岛日报》；1939年创建中国新闻学院（香港）并任院长。抗战胜利后回沪任教于复旦大学、新中国学院。

④《中美日报》是“孤岛”时期的国民党报纸，为躲避日伪新闻检查，在美商罗斯福出版公司招牌下运作，副刊有《集纳》《堡垒》等。1938年11月创刊，1941年12月停刊，1945年8月复刊，次年4月终刊。总编先后为杨勋民、查修、詹文浒，总主笔周宪文，执笔者有储玉坤、章丹枫等。胡道静曾任英文编辑。报社读讯会为自修新闻学的读者出版了《实用新闻学讲义》，共计10种，对编辑术、采访术、评论作法、新闻写作、新闻学史、剪报工作等都有专篇论述。

主义、共产党等的不适当叙述已进行了删除处理。

本丛书规模较大，从策划项目、搜集资料、校订编纂到审稿成书，历时两年有余。这50本书可能并非本本经典，其中有些内容亦有重复、雷同之处，但瑕不掩瑜，它们对于研究中国新闻学功不可没，作为新闻史资料极具研究价值。感谢中国传媒大学出版社和安徽大学新闻传播学院诸位老师的辛勤付出，也希望读者在本丛书中能读出更丰富的内容，获得启发并更深入地思考。

丛书主编　芮必峰

2018年5月7日

附表：

表1　著者受教育、从业、从教及著述情况列表

序号	姓名	是否留学及留学国家	从业经历	从教经历	著作
1	徐宝璜	美国密歇根大学，经济学、新闻学	北京《晨报》主笔	北京大学新闻学研究会、北京平民大学新闻系	《新闻学》《新闻事业》
2	戈公振	1927年赴美国、日本考察新闻事业	首创《图画时报》、“上海新闻记者联合会”会长、《申报》总管理处设计处主任兼《申报星期画刊》主编	上海南方大学新闻系、上海国民大学新闻系、复旦大学新闻系、上海沪江大学商学院、上海民治新闻学院	《新闻学撮要》《中国报学史》《新闻学》
3	邵飘萍	东京政法学校	《汉民日报》主编、《时事新报》《申报》《时报》主笔、创办“北京新闻编译社”、《京报》社长	北京大学新闻学研究会、北京平民大学新闻系、国立法政大学	《实际应用新闻学》《新闻学总论》
4	吴定九	日本名古屋工业专门学校土木工程	主持《京报》	北京平民大学新闻系、国立法政大学	《新闻事业经营法》
5	谢六逸	日本早稻田大学东洋文学史	《立报》文艺副刊《言林》主编、《国民周刊》《趣味》周刊主编	复旦大学新闻系、申报新闻函授学校、国立社会教育学院新闻系、暨南大学新闻系、大夏大学新闻系	《实用新闻学》《国外新闻事业》《新闻储藏研究》
6	黄天鹏	日本早稻田大学新闻系硕士	在北平创刊《新闻学刊》并担任主编	复旦大学新闻系、上海沪江大学商学院新闻学科	《新闻文学概论》《中国新闻事业》《新闻学入门》《新闻学概要》
7	赵敏恒	美国科罗拉多大学文学院、密苏里大学新闻学院、哥伦比亚大学新闻学院攻读英国文学和新闻学，并获新闻学硕士学位	纽约环球通讯社编辑，后加入路透社。“九一八”事变后为美国国际新闻社、伦敦《每日电讯报》《朝日新闻》等供稿。1945年10月任《新闻报》总编辑	复旦大学新闻系、中央政治学校新闻系、暨南大学新闻系	《外人在华的新闻事业》

续表

序号	姓名	是否留学及留学国家	从业经历	从教经历	著作
8	周孝庵	无	历任上海时事新报馆记者、编辑、主编；主编《上海新闻报》“法律质疑”栏目	复旦大学新闻系、新闻大学函授科	《最新实验新闻学》
9	张友渔	1930年、1932年、1935年多次赴日学习新闻学、考察日本新闻事业	《世界日报》编辑、《大同晚报》总编辑、《国民晚报》社长、《泰晤士报》总编辑、《新华日报》社论委员	燕京大学新闻系、北平民国学院新闻系	《新闻之理论与现象》《日本新闻发达史》
10	袁殊	日本新闻专科学校、早稻田大学历史系	创办《文艺新闻》《译报》、新声通讯社记者	上海自修大学新闻专科	《记者道》《学校新闻讲话》《新闻大王赫斯特》《新闻法制论》(译)
11	胡愈之	1928年法国巴黎大学攻读国际法	《东方杂志》编辑、创办《公理日报》、哈瓦斯通讯社远东分社中文部编辑主任、主编新加坡《南洋商报》		《胡愈之出版文集》
12	储玉坤	留法	《新闻报》编辑、《文汇报》编辑、法国哈瓦斯通讯社中国分社编辑、《文汇报》总主笔、《申报》主笔、法国新闻社远东分社中文部主任	中国新闻专科学校、沪江大学新闻系、之江大学新闻系、致用大学新闻学系	《现代新闻学概论》
13	任白涛	日本早稻田大学政治经济学	创办中国新闻学社、《新湖北日报》总编辑		《应用新闻学》《综合新闻学》
14	曹用先	美国密歇根大学①	上海商务印书馆编辑所②	大夏大学③	《新闻学》

① 毛彦文. 往事［M］. 北京：商务印书馆，2012：28.

② 雪林. 一段值得介绍的婚姻（红藏·生活·第四卷第三十八期）［M］. 湘潭：湘潭大学出版社，2014：435–437.

③ 毛彦文. 往事［M］. 北京：商务印书馆，2012：28.

续表

序号	姓名	是否留学及留学国家	从业经历	从教经历	著作
15	王文萱	留日①	《经世日报》②	国立社会教育学院新闻系③	《新闻概论》（译）
16	伍超	留美 “攻读新闻科”④			《新闻学大纲》
17	郭步陶	无	《申报》编辑、《新闻报》编辑主任兼主笔、《申报》（香港）、《星岛日报》编辑	复旦大学新闻系、《申报》新闻函授学校、中国新闻学院（香港）、新中国学院	《本国新闻事业》
18	任毕明⑤	无	《民国日报》《时报》《快报》主笔、《大众日报》总编辑	香港中华新闻学院	《战时新闻学》《评论学十讲》
19	赵君豪⑥	无	《申报》副总编辑	上海商学院新闻专修科、复旦大学新闻系、上海法政学院新闻专修科	《中国近代之报业》《上海报人的奋斗》

① 杉村广太郎．新闻概论·黄序［M］．王文萱，译．上海：联合书店，1930．

② 冯国定．忆萧一山先生［M］//中国人民政治协商会议北京市委员会文史资料研究委员会文史资料选编（第43辑），北京：北京出版社，1992：104．

③ 苏州大学社会教育学院．峥嵘岁月（第三集）［M］．北京、上海、南京、苏州校会．1991：229．

④ 伍超．新闻学大纲·自序［M］．上海：商务印书馆，1925．

⑤ 任毕明，原名任大任，生于1904年，广东鹤山人。1925年在广西梧州创办《民国日报》，曾任《时报》《快报》主笔，主持过香港的《大众日报》。参与创办香港中华新闻学院，并任教。著作有《龙虎集》《风云集》《社会大学》《新社会大学》《战时新闻学》和《评论学十讲》等。

⑥ 赵君豪（1900—？）江苏兴化人。报人。“五四时期”求学于上海交通大学，经常给著名的《民国日报》副刊《觉悟》投稿，并与时任《觉悟》编辑的邵力子讨论种种社会改造问题。毕业后进入《申报》馆工作，抗战后任《申报》副总编辑。1929、1942年两度兼任复旦大学新闻系编辑教授；1930年兼任上海法政学院新闻专修科教授，讲授采访学；曾任《申报》新闻函授学校教授。1944年10月在重庆出版《上海报人的奋斗》。

续表

序号	姓名	是否留学及留学国家	从业经历	从教经历	著作
20	杜绍文①	无	杭州《民国日报》国际版编辑、《东南日报》《前线日报》主笔兼《新闻战线》周刊主编、《东南日报》总编辑、《文汇报》办公室主任	复旦大学新闻系	《新闻政策》《中国报人之路》《战时报学讲话》《国际新闻纵横谈》
21	胡道静②	无	《万有文库》编辑、上海通志馆编修、《通报》《中美日报》《大晚报》等报记者、编辑、撰稿人	上海法政学院新闻专修科	《上海新闻事业之史的发展》
22	张静庐	无	创办上海杂志公司并出任总经理		《中国的新闻记者与新闻纸》《中国近代出版史料》《中国现代出版史料》《中国出版史料》《在出版界二十年》
23	萨空了	无	《北京晚报》编辑记者、《世界日报》画刊编辑、《世界画报》总编辑、天津《大公报》艺术半月刊主编	民国学院新闻系、北京新闻专科学校	《科学的新闻学概论》

① 杜绍文（1909—？），又名杜超彬，广东澄海人。1927年入复旦大学中文学新闻组学习，1931年留校助教。后任杭州《民国日报》国际版编辑、资料室主任、浙江《东南日报》主笔。抗战期间主编浙江战时新闻学会会刊《战时记者》月刊，《国民日报》总编辑、社长；抗战胜利后任上海《前线日报》主笔兼《新闻战线》周刊主编。1946年至1951年间任复旦大学新闻系教授，1952年任上海《文汇报》记者、编委办公室主任。著有《新闻政策》《中国报人之路》《战时报学讲话》《国际新闻纵横谈》。

② 胡道静（1913—2003），安徽泾县人。1931年毕业于上海持志大学国语系。曾参加《万有文库》编辑和上海通志馆编修工作。“孤岛”时期坚守上海新闻界抗日宣传工作，任《通报》《中美日报》《大晚报》《密勒氏评论报》记者、编辑、撰稿人，同时在上海法政学院新闻专修科讲授新闻史课程，为共产党的抗日宣传培养新闻干部。1949年后历任中华书局上海编辑所编辑、上海人民出版社编审等。

续表

序号	姓名	是否留学及留学国家	从业经历	从教经历	著作
24	管照微[①]		复旦大学校刊编辑、1931 年兼任上海新闻社记者	兰州大学经济系	编《新闻学论集》
25	项士元				
26	蒋国珍	疑为《中国新闻发达史》的译者而非著者[②]			
28	李公凡	不详			
27	鲁风	不详			
28	刘元钊	不详			

① 管照微，高中就读于上海立达学园，曾与王济深、刘仲达、唐旭之等先后组织了“时潮社”和“立达剧团”。后进入复旦大学新闻系学习，与伍梦窗、林楚君、向浦、徐之津等加入了复旦大学“左联”，并负责复旦大学的校刊编辑工作。1933年12月21日因宣传左翼思想被捕，后任教于兰州大学经济系。

② 虞文俊是东亚中国新闻史研究第一人。《中国新闻发达史》译者蒋国珍初考［J］. 新闻界，2015（15）.

表2 书目

序号	年份	书名	作者	备注
1	1903	新闻学	〔日〕松本君平 著	
2	1913	实用新闻学	〔美〕休曼著 史青译	
3	1919.12	新闻学	徐宝璜[①] 著	北京大学 新闻研究会讲稿
4	1922.11	应用新闻学	任白涛[②] 著	
5	1923.8	实际应用新闻学	邵振青 著	北京平民大学、 国立法政大学讲义
6	1924.4	新闻事业	徐宝璜 胡愈之 著	
7	1924.6	新闻学总论	邵飘萍 著	
8	1925.1	新闻学大纲	伍超 著	
9	1925.2	新闻学撮要	戈公振[③] 编	
10	1927.9	中国新闻发达史	蒋国珍 著	
11	1927.11	中国报学史	戈公振 著	
12	1928.9	中国的新闻纸	张静庐 著	
13	1928.11	最新实验新闻学（上）	周孝庵 著	复旦大学新闻系
14	1928.11	最新实验新闻学（下）	周孝庵 著	复旦大学新闻系
15	1930.4	新闻事业经营法	吴定九 著	
16	1930.5	新闻概论	〔日〕杉村广太郎 著 王文萱 译	

① 徐宝璜，中国新闻学者、新闻教育家。1912年毕业于北京大学，后公费留美，于密歇根大学攻读经济学、新闻学。徐宝璜在美国密苏里大学受过系统的新闻学教育。

② 任白涛，笔名冷公、一碧，河南南阳人。1911年辛亥革命后，先后担任上海《民立报》《神州日报》《新闻报》驻河南特约通讯员，参加当地反袁活动。1916年留学日本，在早稻田大学攻读政治经济学，并加入了大日本新闻学会。

③ 戈公振所著的《中国报学史》最早由上海商务印书馆出版，是研究新闻学和我国新闻事业发展史的开山之作，国内外新闻界将之誉为中国首部新闻史学权威著作。任教上海国民大学期间，戈公振开始着手《中国报学史》一书的写作。在从事新闻工作之余，戈公振致力于新闻教育事业和新闻学研究工作，曾在上海国民大学、南方大学、大夏大学、复旦大学等校新闻系和杭州暑假报学讲习所讲授新闻学方面的课程，在新闻学研究上留下了许多著述。

续表

序号	年份	书名	作者	备注
17	1930.8	中国新闻事业（上）	黄天鹏[①] 著	
18	1930.8	中国新闻事业（下）	黄天鹏 著	
19	1930.8	新闻纸研究	〔日〕后藤武男 著 俞康德 译述	
20	1930.9	浙江新闻史（上）	项士元 编	
21	1930.9	浙江新闻史（下）	项士元 编	
22	1932.7	学校新闻讲话	袁殊 著	
23	1932.8	外人在华的新闻事业	赵敏恒 著	
24	1933.4	新闻学入门	黄天鹏 著	
25	1933.10	新闻学论集	管照微 编	复旦新闻学会丛书
26	1935	实用新闻学（上）	谢六逸[②] 编	申报新闻函授学校讲义之三
27	1935	实用新闻学（下）	谢六逸 编	申报新闻函授学校讲义之三
28	1934.1	新闻学	曹用先	
29	1934.2	新闻学概要	黄天鹏 编	复旦大学讲义、上海沪江大学新闻学专修科
30	1935	上海新闻事业之史的发展	胡道静 著	
31	1936.5	新闻学讲话	刘元钊 编著	

① 黄天鹏，字天鹏，别号天庐。1927年1月，他创办了我国首个新闻学刊（1929年扩改为《报学月刊》）并任主编；他是我国新闻学术史上最早研究新闻学之产生及发展史的学者，是我国具有新闻学术史观的第一人。他于1923年就读于北京平民大学报学系，1929年留学日本,修业新研究所,旋入早稻田大学新闻系。归国后出版了《新闻文学概论》《中国新闻事业》《新闻学入门》《新闻学概要》等十余本新闻学专著。

② 谢六逸，中国现代新闻教育事业的奠基者之一。著名的作家、翻译家、教授。1917年以公费生身份赴日就读于早稻田大学。1922年毕业归国，入商务印书馆工作。后历任神州女校教务主任及暨南大学、复旦大学、大夏大学教授。1930年任复旦大学中文系主任，并创设了后来闻名海内外的复旦大学新闻系，任主任。

续表

序号	年份	书名	作者	备注
32	1936	本国新闻事业	郭步陶 编著	申报新闻函授学校讲义十一
33	1936.6	新闻之理论与现象	张友渔 著	
34	1936.11	记者道	袁殊 著	
35	1937.7	现代新闻学概论	储玉坤 著	国民党政府唯一指定大学新闻理论教科书
36	1938.7	战时新闻学	任毕明 著	
37	1938.9	中国近代之报业（上）	赵君豪 著	
38	1938.9	中国近代之报业（下）	赵君豪 著	
39	1938.10	基础新闻学	李公凡 著	
40	1939.7	中国报人之路	杜绍文 著	
41	1940.4	新闻学	戈公振 著	1932 年完稿，另有 1947 年版
42	1941	新闻学的基础知识（上）	中美日报读讯会 编	中美日报读讯会实用新闻学讲义
43	1941	新闻学的基础知识（下）	中美日报读讯会 编	中美日报读讯会实用新闻学讲义
44	1941.7	综合新闻学 1	任白涛 著	
45	1941.7	综合新闻学 2	任白涛 著	
46	1941.7	综合新闻学 3	任白涛 著	
47	1944.9	新闻学	鲁风 著	新中国自修学院约稿
48	1946.6	科学的新闻学概论	萨空了 著	另有 1945.3 出版的署名艾秋飚的版本
49	1946.11	新闻史上的新时代	胡道静 著	
50	1947.12	新闻学的理论与实际	〔英〕斯蒂德 著 王季深 吴饮冰 译	上海文化函授学校读本

卷頭語

一

一 著者最初的願望，決定寫成一本淵博（Pedantic）的書。但是寫到中間，纔知道淵博的書，唯有學者才會作的，不是強不知以為知的人所會作的。

一 無徒拿一樣的事複說或引伸，而依這種調子，插在中段的橫道，有些像學者的態度。橫道空隔一行，以表明與上文的區別。箱子式的標題沒有空行者不是橫道。

一 這本書的內容，大部分是別人到現在還未嘗寫過的。同時也有些是別人從前提出來研究過的。

一從上一點看來，這本書加到「常識講座」裏面去似乎不大妥當的。凡是有這種感想的人，著者要推薦畏友下村海南的佳著「新聞常識」。

一編輯的時候，對材料予以援助的諸君（名略）著者表示十二分的感謝。

昭和四年五月四日　　楚人冠

二

一一九零二年，上海商務印書館編譯日人松平君平的「新聞學」，這是中國有新聞學的第一部書，也是國人知道新聞成爲一種專門學問的起頭。

一這二三十年新聞界受日本的影響很大，新聞學著述取材於東籍者實不少，而介紹的工作，終沒有人繼續的擔任下去。

一從前在北京新聞學會的時候，徐寶璜先生和我嘗有編一種新聞學叢書的計劃，後來上海申報館同事戈公振先生也勸我介紹點東鱗給國人，因爲人事的奔鞅，老沒有工作的閒暇。

一　初秋到日京來，這多年的計劃却實現了。約了幾位同志　各人選擇一二種，而由編輯幹部審定刊行。叢書第一種却是吳定九先生的「新聞事業經營法」，其第二種便是「朝日常識講座」第十卷杉村廣太郎的「新聞之話」。

一　這本書對過去，現在將來，講得十分扼要明晰，最適合於初學的人。社友王君文營的譯筆，也很流暢，但有幾點無大緊要的我們酌量的節脫了。

中華民國十八年十二月一日　黃天鵬

目次

第一章　新聞的發生

「欲知道；欲使人知道；欲被人知道。」這種聲浪是任何時代任何國家的一種共通的願望，由這種願望才產生新聞紙。

由「欲知道」的願望才生讀者，由「欲使人知道」的願望才生新聞紙，由欲被人知道」的願望才生新聞的廣告。

這三種慾望在任何時代任何國家都有的。從這些慾望產生的所謂新聞紙是與人類同時發生的，就是人類發生於這世界的時候，新聞紙也就產生了。可是牠的形體沒有完整。有人說「海濱的砂灘上殘餘着人的足跡」是新聞紙，也就是這個意思，「砂灘上的人的足跡」就是爲欲使人知道那人往來的踪跡。依此意味，那末貧民街裏的女人們的井邊會議（一），實在是沒有印刷好的新聞紙。他們互相談着四鄰合壁的有無事。談話者的心無非是欲知道她所不知道的，及她已知道了的，欲使別個沒有知道的知道吧了。設探訪粗漏，傳達不實，那末這事就增添熱鬧了，也有故意的枉傳事實。其中當然也有要辯駁歪誤的人，這就是自然地實行新聞紙法的正誤辯駁。

在早上遇着相知的時候，雙方先說「早安」，再說什麼「昨晚熱哪」，「今朝冷哪」。一方若說：「這樣熱是六十年來未曾有的事」！

一方則「在這種天氣，想到那個涼的山裏住去」？

「要是這樣，那末好地方是有的」。

（一）井邊會議：在日本長屋——貧民窩——許多人家合用一個井，所以在空閑時工作時就互相在井邊談笑，故稱之井邊會議。

「那裏」？

「某處某處」。

「不要錢嗎」？

「很便宜的」。

統括這個問答，却好成爲新聞紙的形體：起初說的「早安」於呼喚的意味上，就是新聞紙的題目；「冷哪熱哪」，就是學藝記事；尋問「那裏是涼的地方」，就是時評；「不要錢」，「好地方有的」，就是廣告。這二個人在相遇的時候，就製造一張新聞紙了，不過只是沒有印刷，沒有販賣的談話罷了。

人類因有欲知道事物的慾望，故一天也不停止的欲知道所能知道的事。因爲有這種知識慾，人類才前進，如學校書籍教會以至租書店傭人介紹所等都是爲欲滿足想知道事件者的願望而產生的。當二三個人相遇的時候，所談的不是爲着想知道自己所欲知道的，可說是沒有。如說着「您好呀」，「近狀如何」，這些都是這個意思。

新聞紙是尋覓 News 而應人類的需要及慾望。這種需要不是新聞紙做的，是古來始終存在着的。新聞紙是從這種要求裏發生的必然產物。有這樣見解的人(注)，也就是根據這個道理。

在這「欲知道」的慾望以外，人類還有欲使人知道的慾望。自己所知道的事不能祕藏在肚裏，一有機會就要使人知道，這種要使人知道的動機很多也有爲假裝着我是知道的術學似的人；也有爲着如其別人不知道，心裏像不舒服似的教育的人；也有好像不說出自己知了的事，心裏要發漲的，全部說了以後，心地就像輕快似的；也有使人知道人所不知道的事，是使人悅樂爲志願的。這

(注) Casper S. Yost: The Princi ples of Joul,g, K, lism.

些動機也說不盡，可是總括地就是因爲了有欲使人知道自已知了的事的慾望。

遇着一個知識大概與自己一樣的人爲對手，感到便利而且愉快；若知識相隔太遠，那末不論講什麽，對方都是不明瞭，那就困難了。這就是雙方不能理解，因爲不能理解的關係，所以不論說什麽，商量什麽，無能有興趣呢。因此人類自然會想尋求水平線的知識。這不但於知心友人間如此，即組織社會形成國家也是如此的，而感情才可漸益濃厚。由這種尋求知識水平線的心，所以於人類之間就早發現了欲知道的機關。同時產生了欲使人知道的機關，這就成爲新聞紙原始的形體，其中如引札木版俚歌讀賣的瓦版及 News Letter 等都是的。

在「欲知道」「欲使人知道」的慾望以外，還有欲被人知道的慾望。自己所爲所行的卽一絲之細也想被人知道。誰都這樣的望有，全然不望被人知道的是惡者或闊人們，平凡的人想要被人知道顏面，知道名字，知道事業，知道商品，因此不恤出相當的犧牲。那些希望欲被人知道的人，一定切願經過多數人的手，接觸　數人的眼，這是當然的次序，而這種慾求是促進新聞紙發達的事是無疑的。

要之人類生來就有那三種慾望，所以促進新聞紙的發生，新聞紙的萌芽。當活字印刷機器印刷用紙沒有發明的時代，就沒有印刷沒有分送的與人類共存着。人是有做新聞的天性，所以做新聞紙的是人類，像亞里斯多德說：「因爲生下來就是政治似的動物，所以發生政治；人生下來就不能安住於現實的世裏，所以常抱着尋求人類以上的東西的心，因此發生宗教」。新聞紙與這路徑是全相同的，反過來說新聞紙不外與政治宗教同樣是心的反映，故有人類，就有政治宗教新聞紙。

以人類爲新聞紙的對象看的時候，分爲三種：第一是做新聞紙的人，第二是看新聞紙的人，第三是爲新聞紙種子的人。做新聞紙的人是新聞記者及經營者，看新聞紙的是購讀者，爲新聞紙種子的人是世間的一般名士及做引人注目的事的人。這些現在不容再加說明。同時這三種是明顯地區別着，不同的事也不容說了。可是最近五十年間，因新聞紙的進步，故這三種區別漸次地雜亂，終於使這種區別幾乎沒有。換言之卽到了知道沒有區別。

新聞紙是人心的反映，所以不論到那裏，離了人類是不能製造的。因爲讀者與一般的世間是人類，所以離開了讀者與一般世人是不能製造新聞紙的。新聞紙是新聞記者製造的，這種觀念是一種最舊的迷信，雖新聞記者沒有受讀者與一般世人的指揮，可是是爲讀者與一般世人所融合了的要求代辯。新聞記者一個人能任意地製造新聞紙，這種想念是與說着只根基記者的原稿，排字的印刷卡製造新聞紙者一樣的錯誤。新聞記者不過取捨調節讀者與世間那些不存心製的原稿來轉遞吧了。這稱說法，決不是學最近在美國方面攻擊新聞紙者的口頭禪，他們一談到新聞紙，就罵現在的新聞紙的確常常諂媚讀者，畏懼廣告主，不能發揮像從前那樣的自由獨立的事了。可是這裏說的比它廣大多了，有意義多了。卽新聞紙不能超出讀者與世間的圈外，不是諂媚畏懼的問題。任新聞紙怎樣苦思焦慮，到底也不得超出人間以外。最好的證據，如英國有英國式的新聞紙，美國有美國式的新聞紙，看了以各自國家的國民性爲背景的一點，就可明白了。日本的新聞紙，也是與日本的國民性協合而成立的，而生存的。設有非日本國國民，要在日本辦新聞紙，而忽視日本的國民性，是決不能成功的。照這意味而說，那末新聞紙不是少數新聞社社員製造的，國民製造的，是人類製造的。

新聞紙能撒謊嗎？

世間說新聞紙是登載不確實的事實的，而往往攻擊之，尤其是偶然碰到誤報了關于自己知道的事，立即注目而武斷地肯定着說，「呀！新聞紙做說謊哪」。這種攻擊確實也有合理的地方，但是新聞紙的記事，任怎樣周到地探查材料，任怎樣精密地精選原稿，而要免去一切的錯誤，這是不可能的事。可以不必問是爲什麽，因爲這些人製的。

新聞紙傳達不確的消息，那是常有的事。但世人常傳播不確的事實，比她還多，也許不是存心說謊。然人類在全年裏儘說些沒有經過考慮和不去探搜當相的謊言，因爲人類沒有一件一件去愼思熟慮自己所做的，而任一時的衝動，

（注）Graham Walles: Human Nature in Polities

就不覺地做了沒有考慮的事。像Graham Walls說的「用電影機將人自己所爲的攝取，隔一天叫那個人來看，多半是不會想這是自己昨天所爲的。同樣的若是將人說的話一一去速記下來，或收入留音機，次日叫那個人來聽，一定要驚奇爲何自己說了這樣的話」。人旣這樣不覺地說了謊言，而這些謊言漸次地傳播到新聞紙，所以新聞紙多不實的報道可以說是當然的事。

前年法國的軍艦拜耳蒲耳號於暴風浪中失跡，友艦耳培耳遜號去探搜下落，這事是在青天白日下的。那時突然發見友艦的信號，故全船的官員，一齊向着發信號的方向去。當時不論將校水兵，都看見豎着救助信號的幾隻端艇(Boat)曳着一隻筏，且滿載着遭難者而來。於是在這時候趕緊放下端艇似可救護。在端艇上的將校水兵，都說將近那注視着的遭難船時，隨着看見那只船上的許多人，擴開二手作求救的姿勢，並且又聽到聽不清的聲音唔唔地嚷着。可是靠近一看，豈知先前所見的那只遭難船不過是從附近海岸上流來的滿着枝葉的樹吧了。那時在端艇上的丁字不識的文盲，受過高等教育的將校都，不約而同地說先前所目睹耳聞的不是這些樹枝和樹葉。

這是 Gastav Le Bon 書中（注）的一段故事，著者稱此謂「集合的幻視」。這種「集合的幻視」於世間是很多的。所以才有瞎三話四的事。故若因不是一二人，這樣說的，而是大家異口同聲這樣說的，所以確是沒有錯誤的，這樣的速斷，是決不可以的。畢竟人類於不知自己的謊言中，確信了謊言而說出的事是不少的 Le Bon 舉的那海上的故事，不過示其一例吧了。

在德國的甘命次開心理大會時，有一天突然一個男子粗暴地開門逃進來，後面又跟着個拿手鎗的男子追進來，於是二人開始在會場中央格鬪，一個倒

（注）Psychologic de Fouls,

了，一個跑到上面放了手鎗後，二人逃出場外，其間經過惟二十秒鐘而已。這是預先祕密準備在大會裏的把戲，這場騷擾完後，同時會長就請到會者即行把那時的情形寫出，當時就寫好了的四十份裏面，關於重要點的誤報在二成以下的只有一份，二成以上四成以下的十四份，四成以上五成以下的十二份。餘剩的十三份傳達錯誤至五成以上，尤其可驚的是於同樣的誤報中，捏造事實到一成的計二十四份，　成以上的十份，一成以下的僅六份。換言之，即十份是撒謊，二十四份是半撒謊，稍微足以據信的僅六份。

這是 water Lippamnn 書裏（注）的一段故事，將一霎前自己目覩的事當場赤裸裸地寫出，還發見這麼多的錯誤，那末大部分不是自己目覩的，只是把道聞的來報道的新聞記事的誤傳的事，並不是無理的，可以察見了吧。

（注） public Opinion.

目覩的信據力是因目覩者的種類及感覺的型式而異，泰晤士報的一個記者這樣說過的（注）。依了這種立說，則觸覺視覺往往容易被欺蒙，如聽覺關於察知音響的根源與方向等，確是難於信據的。尤其在聽別人談話時設有未曾聽到的地方，自己就從這談話的要領裏斷測，致糊裏糊塗的把想來的話去添補視覺，也是同樣的難期正確。如距離與數量的測定，尤其像羣衆的多寡最易錯看，因有這些弱點，若是引記憶綫而傳達所想像的那末錯誤的漸次傳播的事，是易見的道理。

人類遇着少微珍奇些的事，在沒有確定之前，就感到興味而向人去說，聽的人也又不問眞僞，再向第三者說了，這樣地轉傳致誤傳沒有止境，從這一點看，那末新聞紙比世間的一般人是算謊言較少的組織了。有經驗的新聞記者，

（注）The Times, Literary Supplemet, Aug I 8 1921.

即使聽到珍奇些的事不是像外行那樣的感到興趣，先即疑其是否謊言？聽到有些興味的News時，先疑其是否眞僞，這是全體新聞記者。在教會的地方輕易聽聞輕易相信，那是只限於整個新出茅廬的記者。當起初即疑其眞僞，所以若不是十分確實的，自然不會拿到編輯那裏去。而拿去的當編輯整理任務的記者，定有多年的經驗，故對於事實的眞僞，有銳敏的鑑別力，奇離的睍覛的是決不輕易登到紙面上去的。若玩笑似的輕率地登了，沒有確定眞僞的事，也許一時可使讀者喜悅，可是常常如此，是足使新聞紙信用墮失，這大家知道的事。連續地說謊，決不是新聞紙生存的方法。

新聞紙的播傳不實的報道，是從三條路徑來的，第一雖知道不實　但將不實登載，即所謂機關報或是無廉恥無體面的惡德報；那是有目標而爲的，若是有相當地位的大報，是決不爲的。第二是不知其不實，而將不實登載，這因爲是沒有傳播不實的意思，所以比前者罪輕些。至於調查的粗漏，編輯的失着，當然是新聞社的過失。但因事件的大小輕重如雖怎樣地期望着調查的萬全，而結局仍不得明瞭其潛在奧底的祕密的事，在世間是很多的。那些稍一注意就能看破其眞僞的，和雖用了種種機關去探查，終究也不得窮其眞否，像這樣複雜的不實，雖也一樣說是過失，但是有顯著的輕重之別。對待像這樣的新聞非有急速的探訪不可的。設依其過失的性質，我想批評自然不會沒有寬嚴之別吧。

第三是知其眞實或知其不實，又沒有絲毫要傳不實的心，然因不昧表示方法，而生傳不實的結果。不問現在的新聞紙上及新聞紙以外的世間，這總是傳不實的最大原因。某次有這樣的一回事，有一個人於往吉原去的途中，被殺於相原去的途中是事實，被殺也是事實，但是將這件事寫成「於往吉原去的途中被殺」，但無論怎樣不能推他是因遊興而去的。於是再還想像那末大半因噪架而被殺的吧，也是沒有方法解說事實。是因他想抄近路而於途中遇了狂人而被殺的，這記事雖無錯誤，但因記事的表現方法不精，致傳與當事人的平生完全相反的事實。像這樣的事很多人於每日每晚不注意地口說着。

是故在新聞上發見不實的記事，都是由右舉的不同的路徑來的，除第一種外則不可一概的非難着「只是說謊」。像現在的新聞社不獨於事先設備了各種機關來確定眞僞，於事後也因不要再生過失，而也有諸種的設備，希望沒有謠言並且絕根。然要其絕根則惟有當世界裏的一切的人不撒謊的時候方可。

上面所述的是從新聞紙發生的次序，進而說明新聞紙上發生不實的報道，是自然的歸宿。但是爲新聞紙不實的報道辯護的意味絲毫也沒有。若明瞭沒有故意去傳播不實，但人間的謠言自然地會雜到新聞紙裏的一點就好了。

新聞紙的勢力是什麼？

於次序上對於新聞紙的勢力也想說一下，這不是妄然地入於傍道似的吧。一般的新聞紙雖然每天到人的手裏，但是很多地方往往被人誤會着：新聞紙是像人家不知道的術造酒似的，誰也不知是在那裏製造的時代，和是不肯讓人家知道如噠賴啦嘛的勅令似的，突然從一個神祕的境地裏撤出似的時代，在這樣想念的時代，對於新聞紙發生種種誤解是當然的事。可是當現在自組織方面到作業方面，都盡量地要使公開的時代，對新聞紙一般還是缺乏理解，這要說是不可思議，實在是不可思議的現象呀！

像新聞紙的勢力這句話，許多人也是含糊的用着，真了解新聞紙勢力的有幾個呢？原來新聞紙的勢力是什麼，這種勢力是否實現地存在着，我想從這幾

拿來討論一下

簡明地說，新聞紙可以自由自在地翻弄個人的名譽，有的因新聞紙而遭了本來沒有的汚名的；也有因新聞紙捧場而一躍成名的，新聞紙的筆所向的，善人可成惡人，悖謬的也可以像偉人似的膾炙人口。

若是這樣的來解說新聞紙，那末受賄的事也是很多了。因新聞紙而名譽敗毀的，是因爲本來有着能傷害其淺薄的名譽的緣故。若是因新聞紙而得成名的人，也不外預先有了可成名的基礎吧了。說道新聞紙的筆是自由的，但是往往不能以白爲黑 同時也不能以善爲惡。一二家新聞紙曲了筆寫些反事實，但要其他的新聞一齊這樣寫着，這是不可能的。這一二家新聞紙與多數同業的方針是全然相異的，而其傳播了這些消息，結果是貽笑於世，墮落聲價吧了。假定一切的新聞紙，爲或種關係致一齊將白爲黑，但是像這樣明的謊言，只能被認一時，長時期內是會漸漸水落石出的。爲了這種緣故，而一齊動同樣的筆，是會水落石出的。但是現在還說着日本的新聞紙儘說謊話，這是莫大損失。

又有人說新聞紙是社會的木鐸，筆的力量可指導世界，輿論的源泉在於此，政治外交的指南也在於此，這是新聞紙偉大的理由，果是這樣的嗎？木鐸這東西是沒有看見，所以新聞紙是這樣東西還是別的，那就不知道了。但祗對於指導世界一點，有些異論。新聞紙決不能指導世界的，既非輿論的泉源，又不爲政治外交的指南，照這樣說法，也許要叱責我是侮辱新聞紙了吧。但是從新聞紙的發生次序上着想 是沒有能夠那樣的理由。

新聞史家（注）分國家爲二種，即言論自由的國家，與言論不自由的國家。在言論自由的國家，則國民能經議會裁判所及新聞而自由地說所其欲說的話，

（注）R. A Scott James: The Influence of the Press.

這樣的說明着。依這個意思，那末新聞紙是替代國民說話的機關，也就是只替代國民說他們所欲說的話。若無理地欲說他們不欲說的話，是絕對不可的。不論有怎樣大的記者出來，有怎樣大的新聞紙發現來主唱與國民思想全然相反的事，而想指導那是沒有能夠的。這就是不知表現的方法，不合表現的手段。而代替國民表現已在民間醞釀着的思想吧了。這種醞釀是一部分的國民，還是普及一般民衆的事，暫時當作別的問題。總之表現與國民全然沒有關係的思想，是不能看到國民應答的態度的。既沒有這種應答的態度，那末在那裏可以指導呢。前年在尾崎行雄為東京市市長時代，提出東京市收買電車市營案時，東京全部的新聞都起來反對，此案但在東京市民界沒有回答，那末負有輿論源泉的新聞紙的議論，終於不是不為輿論的源泉嗎。

世上對於我們新聞記者有許多人說，「你們寫些趣聞才可以好好的吃飯」，說這樣無理的話是太難了，新聞記者是不能這樣隨便地寫些放肆的事和趣聞的。比如自己有了新聞，也決不寫些自己一個人的恣意似的事的，何況是在新聞社的一個社員的地位，怎樣任意地寫呢。

新聞社愈老愈有他的傳統議論被其總束，編輯也準此而行，爲要增自家新聞紙的信用，顧自家的地位，所以不執　意的筆的。任意的事是不顧世間的思想，時代的精神和一國的輿論的，是單表現記者一個人的主觀。若是這樣去做，那末新聞社的毀滅就立刻到來。

如(注)說的，說是寫任意的事，但如羅馬法改宗於 Methodist 教及黃銅的釘可當滋養食品，那是不說的吧。若說頭山滿赤化，誰能信呢？說尾崎行雄受賄，恐怕誰也不以爲眞的。　聞的記載要得到事實的正鵠，纔須讀者實在的首

(注) Hilbre Belloc: The Free Press.

背不可。於這種嚴重的監視之下，製造的 聞紙怎能揮那自由任意的筆，能於沒有國民的背景和應答下飄然地製造輿論嗎？

歐戰起的時候有的說是英德兩國的新聞紙所鼓吹的原因，這是和說因柯耳發和亞姆斯統的製品的販賣，故隱然動德國而起了戰爭是同樣的。任新聞紙怎樣說，總緣德意志帝國始創以來的自我的伸進，英國對此再沒有這樣憎惡怨恨了，故不過因塊領的一角起的一件暗殺事件，就一賭二國的國命而相戰了。日本之加入戰團，也是依日英同盟的情誼的解釋，以外乃因中日戰爭後的三國干涉，而對德國恨徹骨髓，故即起攻略青島的兵。綜而言之，背後有國民的怨恨，所以戰禍發。若是沒有這層，如新聞紙的一點勢力，怎能夠呢？

新聞記者及新聞紙都是一些不客氣地寫些恣意的事，像這種說法，是看新聞紙為超然，處於社會以外的一種高蹈的紬繹的一種陳腐思想。新聞紙也是一個社會現象，所以也受其他的社會現象的支配，也要被加裁制。設不顧人爲的律則儀式習慣，或是環圍着這些的國民思想的傾向和精神，而寫些自己任意放題的事，到底是不可能的事。

新聞紙寫些什麼，登些什麼的問題，自然是當編輯職務者去決定，但這任編輯職務者忘却了背後是有世界時代國民是不可以的。

要之，新聞紙不是新聞社製造的，是社會製造的，國家製造的，有社會有國民的地方，新聞紙的胚芽早已經發萌了。不過達到被印好的新聞紙時代是需要多少的年月吧了。

第二章　新聞紙的起源

第一節　原始期的新聞紙

說到新聞紙起源的人，一定舉出中國的「京報」羅馬的「Acta Diurna」的這兩種是在世界上的新聞紙的始祖。

「京報」是官報的一類，從周朝就有，一直繼續到清朝的滅亡。若是始自周代，則至今約三千年了，無論怎樣可以說是最古的新聞紙了，可是不知道誰這樣說的，在戈公振先生的報學史，和小野秀雄氏的新聞史裏多沒有認承此說，二書都只承認「邸報」邸是諸候在首都的邸宅，因為由此「傳抄一切詔令章奏報於諸候」。邸報是同行於後世歐洲的 News etter 一類的東西，邸報「始於漢朝，又稱雜報，朝報條報清初改名京報，又稱塘報驛報（一）。所以像是由漢朝繼續到清朝的。最初是諸候之間同看的，後來漸次的民間也看了。假定是從漢朝起，那末離今約當二千年前了。

「Acta Diurna」是在羅馬共和時代發生的，與右舉的邸報大概是同一時代。因誰都沒有看見原物，所以關於由何時才有，是怎樣的一個東西的問題，異說紛紛，不知信那一個才好。一般的傳說，是 Julius Caesar 在政務廳的壁上揭示軍隊的調動及官吏的任免的東西，手抄了這個再送發於地方官，這就是 Acta senatus 和 Acta Diurna Popli Romains 的二種。前者單在 Julius Caesar 執政時發行的，到他兒子 Augustus Ceasar 即位，因他好獨裁專制，而覺其無用，

（一）戈公振：中國報學史。

故廢棄之，可是以後的執政者把它一直繼續到帝政時代。Karl Bucher: Dien Etschung der Volkewirtschaft 後來 Diurg 這字成了 Diurnal 和 Journal 最終轉到現在英語的 Journal 的一點是引起多少的興味。

這二種，說到新聞紙的故事時，一定每次引出來的所以加一點的說明。同樣的東西，恐怕不只限於中國與羅馬，故推測着也許其他的國家也行這類的東西。

與這樣相似的有叫做 News Lettere 的，這是當羅馬時代已經發生了。在中世紀到近代的初葉，這是最盛行於歐洲的。最初住那些在本鄉的貴族和富豪，雇了中央都市的人，使他報送該地的消息，起始在中央都市裏這樣寫送情報的人，是受雇一個主人，而單對這個人寫送，可是後來因需要的增加，乃成為一種通信者的職業，一時應接許多顧客的需要，在沒有助手的時代，一一都是手寫的，俟印刷術發明以後，也慢慢地印刷了。

News Letter 是私人給私人的信的形式，所以信裏面隨便寫着什麼，都不受何等法律上的裁制，在取締公刊物極度嚴重的時代，若是在公刊物上寫了些顯明的事則有意外嚴刑的憂慮，所以這種 News Letter 到新聞紙發生以後，還是相當的盛行着。

這是英國的故事，但 News Letter 被印刷以後沒有多久就改了固有的信的形式，爲冊子體裁，題有一定的名號而發賣了。這是登載 News 的冊子，所以稱爲 News Book，這是由數頁合訂，成的冊子的形體，所以稱爲 News Book，也沒有什麼不當。在英國最初發行的是 Oxford Gazette，就是現在的 London Gazette，這是一張印了二頁的東西，不能稱之謂 Book，只平常稱之謂 Paper，這是 News Paper 的起源（注）。

在英國以外這種 Newe Letter，只異其名而也行於各方，最初以寫送政治問題及街頭的雜事爲主，後來商業也漸次地利用牠了，到中世紀，都市的勃興時，如威尼斯，安特衞普(AntwerP)，紐蘭濱，Frnkfort 等處都成爲這種通信的中心地。而這種通信也銷路很廣。

應稱爲新聞紙的先驅的東西，一種種的發生出來，而漸次地發現與現在的新聞紙相匹的東西，然印刷術的發明爲助長其勢力，這是不容說的了。

最初發現具有現在新聞紙的形式的，要從意大利說起。當一五六六年在凡尼斯發行一張印刷好的 Notizie Scritte，這新聞以意大利貨幣 Gazette 販賣，這 Gazette 的名詞，誰都叫慣了，因此稱現在的新聞紙爲 Gazete 一般傳說這

(注) J. B. william Ah storof English Journa'ism to Fo ndt'on of the Gazette.

是 Gazette 的由來，這像是俗說的噓話因 Gazette 抵不到日本三錢的小貨幣，在那個時候，最初發行的新聞紙的價值是太低了。Gazette 是從希臘語的 Gaza（寶庫之義）來的一說，似乎是確些。Magazine（倉庫之意）是貯藏各種材料的意味，而被用在雜誌的意義上。因爲 Gaza 是收藏各種貴重記事的寶庫(注)的意味，所以新聞紙方面是容易接受這個意味的，這種詮索是沒有什麼錯誤的。這是很有名的話，所以敍述一下。

在德國當十五世紀的中葉，印刷發明以後，不久就首倡了 Relationen 和 Neue Zeitungen 等產生，像英國的 News Book 似的東西，可是發行總是極不規則地忽停忽出的。待活字印刷術發明後，過了百六十三年，卽一六一五年，有個德人叫 E. Emmel 的 Die Frankfurter Zeitung 產生，這大概是德國新聞紙的

（注）J. B. Williams: A History of English Journalism.

元祖了，這新聞紙到現在還是續刊着，稱爲世界最古的新聞紙，而 Emmel 被稱爲「新聞紙的祖」。

在法國當一六〇五年，有個似乎叫 Mercurie F ancois 的新聞紙產生，這也是發行極不規則的。正式的新聞紙以一六三一年創刊的 Gazette de France爲始；這紙當 Dr. Theophraste Re audot 創刊的時候，在開地納爾里修留的擁護之下，像機關報似的服役着。

英國最初發生的新聞紙是一五八八年發行的 English Mercury，現在這報的五十號五十一號五十三號這三份，說是被保存於英國博物館。可是到了一八三九年發現所保存的是一七四〇年間的僞物，因爲判明稱 Mercurie 的新聞紙不是在那時代發行的（注），這紙被認定是僞物，那末英國最古的新聞紙，誰都

（注）James Grant: The N wsp per Prees Vol.I

知道是在一六二二年創刊的Nathaniel Butter的Weekly News了。Weekly News是簡稱，實在是稱 weekly News from Italy, Germanie, Hungaria, Bohemia, the Palatinate, France and the Low Countries這樣長的名字。登載她名字所明示的諸國的報道爲主。然稱爲週刊與現在新聞紙的題號似乎是不同了。於一號中有不能容納的材料則同一個第一號，出第二次或第三次。總之這是英國週刊而成爲英國新聞紙的始祖，日刊新聞是一七〇二年三月十二日創刊的 Daily Courant 爲祖。

至於美國最古的新聞有種種的異說，最先當一六九〇年七月在 Benjamin Harris 發行的 Publick Occurrence both Foreign and Domestick，但是這新聞不久就被禁止發行，現在美國所存在的新聞紙中以一七五六年創刊 The New Hampshire Gazette 爲最老。一七五六年是約在美國獨立戰爭前二十年。

現在把那些各國最古的新聞紙的創刊年月的順序列出••（Frederic Hud on: History o' Jorrnalism）

Notizie Scritte	Italy	1570
Di· Frankfurter Zeitung	Garmany	1615
Weekly News	England	1622
Gazett- de Frapc·	Fuance	1631
Posto chlnrikes Tidning	Sw den	1641
Mercurius Politicus	Scotland	1653
Co rant	Holland	1656
Pu lick Occurrences	America	1690
Pue's Occurrences	Ireland	1700

Γazette	Sussja	1703
Gaceta de Madrid	Spajn	1704
Gazette	India	1781

再將現在還繼續發行的最古的新聞紙列出：(Sells the wor d Prass, Ayers American Neurpapes Annual,)

Die Frankfur ter Zeitung	Gemany	1615
Post sch Inrikes Tidnin	Sweden	1644
London Gazett-	England	655
Edinburg Gazet e	Scotland	1690
Stamford Mercury	England	1695
Vossische Ze tung	Germany	1704

Dublin Gazette	Ireland	1705
Leeds Mercury	England	1718
Liscester Journal		1758
Freeman sJournal	reland	1763
New Hampshire Gaze te	America	1756
Newport Percury		1758
Newcastale Chronicile	England	1764
Connecticut Courant	Americu	1764
Salem Register		1768

這些初期的新聞紙，經過如何的變遷，發達到現在的狀態的一點，將漸漸地敍述，可是先要一敍日本新聞紙的起源。

第二節　初期的日本新聞紙

說Hom.r與Iliad(注一)和孔子的「春秋」是新聞紙的始祖　若是從這種超概括的議論看，那末大約言源隆國卿的「今昔物語」和「宇治拾遺物語」不是不能說是日本新聞紙的祖先了。但是這些總是說些過去的歷史，他的性質大概與拿速報「新的事實」爲生命的新聞紙是不同的事，現在不容再當作新的事實來辯說，像Hom.r這一篇詩是那時的詩人預先作好在於定期的 Olinpic 祭禮時走着而讀賣的，從這一點看，有人說這就是「定期刊行物」的元祖(注二)這是有興味的觀察。

(注一) Henry Nulls Alden: Magazine Writing and the new Literature

(注二) Iliad 是詠 troy 征伐的事的詩

日本也很早就有因對於那時的政治和風俗加以痛烈的諷刺而遭戮刑的。在言論不自由的世界，因欲洩心中的鬱憤，所以作些俗謠來發揮，這是在平安朝的中頃已經傳生了。（日本初期似新聞紙的東西照例從略）

從前速報主義早已實行，如戲曲及淨瑠璃的時事劇把那時發生的時事而編成的。如元祿十五年八月二十六日浪花五八男，在大坂處刑，迎松門左衛門立刻以此編成淨瑠璃，於同年九月九日，開演於岡本文金座，享保七年四月六日，千代半兵衛夫婦情死的事，紀海音即日把它編成雜劇，立刻在豐竹座開演，這些都單就是沒有印刷吧了，確實是新聞的速報。

在舊幕府時代，幕府的布令，官吏的任免等，一一的筆寫在一萬石以上的

（一）淨瑠璃爲日本國有歌謡曲。

（二）日本電報通信社　新聞總覽明治四十年版。

大名旗本上，而配佈的叫「御沙汰書」，這是明顯的官報，沒有受右面的頒布權利的人，依賴諸藩的留守居役，稱爲坊主的幕府小吏所筆寫的買來。這是同中國的邸報的宗旨是相同的。

新聞紙似的東西，一次一次的發現，新聞紙出現的氣運早早已經成熟了，到了幕府末期，開始與海外交通，同時十分地感到明瞭海外事情的必要，故以海外記事爲主的新聞似的册子，絡續地發生，最古的是在弘化三年（一八四六年）出的荷蘭的 Neider lana 的翻譯，與嘉永六年（一八五三年）出的澳門月報和解（和解即日文解），從這個時候起，盛行外國書籍雜誌的翻譯 政府也於蕃書調所發行荷蘭新聞的翻譯，當文久二年出的「官版 Batavia 新聞」即在荷蘭領的 Bata ia 發行的蘭語新聞的翻譯，命書店萬屋兵四郎發行之，這怕是在日本第一用「新聞」的名字了吧。後來漸次發生蘭語或英語及漢字新聞的翻譯，同時外人經營的新聞紙也發生了。其中特別不可忘記的是岸田吟香本間，及漂流到美國受了美國教育回來的日本人 Zooepp Hiko，事濱田彥藏(注一)，他們三人協力而辦的「海外新聞」，牠的發行部數有數十部，似乎大多是奉送希望者的。

以上那些新聞雖爲新聞但都是半紙二折或數張半戳美濃紙所訂成的，全然和英國的 Newo book 一樣是册子的體裁。像現在印好的新聞紙的體裁一樣的是當明治三年十二月在橫濱創刊的「橫濱每日新聞」，這新聞在明治十二年遷發行所於東京，改稱 東京橫濱每日新聞」，後來又改稱「每日新聞」，再改稱「東京每日新聞」直到今日，因此「東京每日新聞」是日本帶近代意味最古的新聞紙了(注二)。

(注一)彥藏的事詳於土屋元著作 新聞的元祖 裏

(注二)橫濱商業會議所發行：橫濱開港五十年史下卷

於「橫濱每日新聞」之次在東京有三大新聞創刊，卽「東京日日新聞」（明治五年二月廿二日創刊），「日新眞事誌」（同年三月十七日創刊），「郵便報知新聞」（同年六月一日創刊），其中「日新眞事誌」是英人 John. R. Black 經營的，同人曾經有當過二三種英文新聞編輯的經驗，故這新聞在三家中是內容最豐富的，不幸三四年後就廢刊了，殘餘的二家經了許多的變遷，才得繼續發行在到現在，「郵便報知新聞」卽今之「報知新聞」，那是不容說明了吧。

這篇的目的不是單說些新聞紙的歷史，所以許多新聞紙從這時代到現在興仆的始末，不一個個的去詳述了，只是人類的天賦的要求新聞紙的願望在日本先發現了怎樣的形式，又經過怎樣的過程，最後才成爲現在的新聞紙的形體，朦朧的能使讀者的頭裏得了一個彷髴就夠了。

第三章　新聞紙的變遷

就每個新聞紙的變遷去敍述，這不是本書所能的。但想只涉及新聞紙的一般，如文明史似的說一個大概的變遷。爲便利起見，分爲經營上的，機械上的，紙面上的三種。

第一節　經營上的變遷

「新聞紙的變遷，由個人時代到政治機關時代，最後到了股份公司時代」。有這樣說的人（注）。一定這樣清楚地分爲這三種是不可能的，可是這樣也不是

（注）G. B. Dibble: the Newspaper

能知道各時代的宗旨的，

一切的新聞紙起初都是個人經營的，集了多少資本，苦樂平分地開始，或是有些文才的人，爲想發表自己政治上的意見而辦的。最原始的是自己一個人出資本，自己一個人做，自己一人担任販賣，有時自己一個人從排字到印刷都担任的。此後不久則集了極少數的人，做小的資本而經營新聞紙。像敦倫的"Times創刊者的第一世 John Walter，他做了各種事業，都不能達到理想的成績，一時蹈於破產的悲運，然很少朋友與他協作，故起了發明將從前要集合一個個的活字，爲聚合一句句的動機，卽稱 Logograph 的。由此印一張新聞紙似的東西，這就慢慢地成了 Times 創刊的發端。那時他已經過了四十多歲了，Logograph 的結局歸於失敗；但是他創辦「泰晤士」用了新的編輯體裁的方式，忽傳得聲價，終築了現在「泰晤士」大成的基礎。「泰晤士」可說，是蒙了

Times 破產的餘蔭而產生的。

在第一世 Walter 時代，Walter 當社長又兼主筆及編輯長。到了第二世 Walte 時營業方面，與編輯方面始明白地區別。後來到第三世 Walter，再到第四世 Walter 的時候，才出於世。直到他弟弟 Arthur Frase Walter 繼承的時候，「泰晤士」純然是 Times 一家所有的財產。這是足以作個人經營最顯著的一例。「泰晤士」成爲股份公司是在 Aethur Fraser Walter 的晚年。

在日本初期的新聞也大概是個人的經營，如「東京日日新聞」，由條野傳平，落合芳幾，西田傳助等手成的。「郵便報知新聞」由前島密，與太田金右衛門等手成的。想到「日新眞事錄」，是由英人 Black 手成的，就可以明瞭了。

說到新聞紙的經營及面幅也都是小的，發行部數也是少的，在這種時代因投了微少的資本就可舉辦，所以成爲個人經營的事是當然的。後來因新聞紙的發達，事業漸漸地擴充，像從前那種小資本是不能存在了，即使精巧地經營也只可收支相償維持一時罷了。至於其他，定是非常不易維持的。在這種情形下，要援救這種急難，除了仰給其他的資本是別無旁法。因此依賴不置營業於眼中而因某種主義政見而發行新聞紙者爲最易着手的方面。所以新聞紙一個個成爲政黨政派的機關而經營了。這就是「政治機關時代的出現。」

原來新聞紙與政治是最接近的，不論看那一國的歷史，新聞紙的勃興一定與那時的政治有關係的，如英國當十六七世紀，一時流行政治雜誌，却好那時是英國政治最紛雜的時代，所以促成人人都有想說出胸中的蘊藏的心意。因斯親瓦特王統的紛擾，發生了長期國會，查理一世被斬首，克林威爾的執政政治，克氏死後其子Lichard Cromwell不肖，沒有繼承遺業的能力，那時抱不平的王黨迎查理二世重復王政，那時似乎是平定了，但是後來查理二世因信仰上的問題，不容於人民，致同樣的被驅逐，與倫治乃迎威廉爲王，致成所謂名譽革命。當時是政治與宗教聯着的，有一些道理的人都想在新聞或雜誌上發表的時代。

再說到十七世紀是怎樣的一個時代，當這個時候，司威佛和約遜及斐爾氏等在 Clnb 街同伴的時候，下面有枵腹盛談天下國家的文士，上面有嫌惡新聞的宰相，故對新聞紙課印紙稅，對新聞紙的廣告也課稅，且禁止擾亂議會的旁聽筆記。致不服的 Jonn Wilkes 提出 North Briton，關於出版自由的問題開始與首相 Burt 爭辨。他方面有到現在還是不明其本體的匿名的名記者 Junius（注一）極力四面八方去運動，到了國王喬治第三時，鼓着勇氣去主張主義，新

（注一）Junus 與 Wilkes 事詳於著者 其他 內

（注二）著者：新聞學。

聞紙的任務像是完全與國王及政府與議會為對手而論爭似的（注二）。在這種時代新聞紙盛行政治論的事，是顯而易見的。

日本在明治的初年也因維新大業漸漸地成功，可是全國未必是已統一了，因藩閥時唱霸佔，致一般咸感危懼第二的幕府的出現，誰也想說一句話，因此在報道任務之外對於那時的政治加以評論的事比現在要盛行多了。尤其是因開設國會的希望漸次濃厚，致更盛行，結果發生可以稱為純政治的新聞紙。這些政治新聞紙，當然不是個人私有的，而是與某種政黨政派有多少關係的，以後不久就成了政治機關時代。自明治七八年到十五六年時，日本全國的著名新聞，若不屬於自由。改進二黨，則就一定標榜帝政派的，這是足表現那時代的現象了。

但是這種時代不是永遠繼續下去的。若帶有政黨政派的色彩，任怎樣地加以私意，記事總是偏於一方面，而缺乏公正，常傾於議論，致忽略了新聞本來的使命所在的報道事實的任務。而讀者的範圍自然也傾向於一方面。看甲派的新聞的，則屬於甲派的人，乙派的則單集合屬於乙派的讀者，要得一般很多的讀者，是不可能的，所以發行數不得發展　這到底不是立業之道，所以這類政治機關報終皆歸於失敗，滅亡，或改變形式。如在英國稱爲自由派的 Daily News 稱爲保守派的 Morning Post，也都改變色彩。當一九〇七年時榮顯的 'Tribune 是自由派的機關報，雖是優秀的新聞，可是不久就倒。這不是因爲是機關報的宮殿的緣故嗎●在美國的 'Tribune 帶有共和黨的色彩，Wold 帶有民主的氣味，所以都停止了。在日本如「郵便報知新聞」樹進步黨的旗幟，「東京日日新聞」最後也不爲政府的御用紙了，自由黨的機關報「自由」也到了末期。在現在還是公稱政黨所屬的新聞紙有是有的，但都是抑抑不振的，因爲做些徒然反時代的努力。現在在地方上還有這種報紙存在，這也不過表現地方是落在時代的後面吧了。

簡而言之，是由言論機關變到報道本位。於是不以主張意見爲目的，而以報道爲營業。若是營業則就極力避免無甲派乙派的分別，向着大衆，辦一個爲一般利用的新聞紙，這樣以後，那末編輯方面，印刷方面，費用漸次不夠，這些費用不是一定單求於政見相日的同志之間，也可以的。是則新聞紙的經營，滔滔然都向着股份組織去了。

現在世界的大新聞幾乎完全成了股份公司，亦非過言。但股份的大半被一二少數者獨佔，個人能左右一社，這事是東西共見的情形。不過單以個人的資力總不夠的，所以須廣集一般的資本，這是事實。在日本的新聞社雖到了股份組織，但是很多還沒有到這種地步，可是大多已不是屬一個私人及政黨政派所有了。我想公開地從世間募集資本的機運是不遠了。

營利的事業與倫理

若新聞紙移到股份公司的營業，那末勢必要營業化，應營業化是當然的歸宿。世中的尙古者，往往對此慨嘆而貶稱新聞紙的墮落，但是營利未必是新聞紙墮落的意味。卽說有墮落的憂慮，那末在個人營業時代，不問經營者的人格如何，墮落的機會也是多的。當政黨政派的機關時代，須十分的忠於所奉的政黨政派，故時偏袒一方，傾於怠忽公正報道的任務。若爲股份公司的經營，則不但經營者人數多，且欲單依少數志望相異者的力量來邪曲地指導新聞紙是難的。

再說到營利事業，不是有錢就不論寫什麼都無關緊要的，爲營利事業是可收得厚利使財力豐富乃得計劃新聞紙的進步改良。美國的新聞紙是現在世界中的一個得以發達的新聞紙，也成爲經濟上有利的事業，投資於此大家知道不是像從前那樣無用地捨去了。若有了豐富的財力，那末賣也好不賣也好，所以可辦一個不屈於威武不淫於富貴似的新聞紙，世間往往有這樣說着的人。但是要賣那裏又是屈於威武淫於富貴呢！原來新聞紙卽使賣也是爲沒有價格的東西。新聞紙於各種商品中，抱賣成本以下爲原則唯一的商品，但是購買者得以買成以下的權利，就是那些購買者予新聞紙與注意爲代價。有這樣說的人（注）。這種「注意」只可求諸於購讀者，不買的人決不會「注意」的。辦一個沒有人買，沒有人看，所以沒有被人注意的新聞紙，則有何效用呢。不出賣的新聞紙，對社外不能盡其任務，同時對內也不能增加社內的希望。因爲新聞紙是賣的緣故，

（注）G, B, Dibb-ie: The NewsPaper

聲名增加，地位提高，財力添增，也得滿足從業者的希望，斯得厲進其業。但是任有怎樣豐足的資金而不賣，則股東天天受莫大的損失，像這樣的新聞紙何人得安心地勞役呢。

賣，因是好的新聞才賣。不論賣與不賣總是好的新聞，則任怎樣總是好的新聞。營利事業是不外因賣而做一個好的新聞。因爲不賣是不能維持的，任怎樣總希望着做一個好的新聞，所以營利事業一點不應都沒有。

說到營利事業除營利以外是不忖什麼理想或其他的，故站在營利上是不能說明新聞倫理的成立，對於這樣誤解着的人不勝遺憾。爲辦一個好的新聞而賣，這是新聞倫理最當的基礎了。商人的買賣貨物是最明顯的營利事業，但商人販賣僞造品，劣等品，腐敗品，有毒物，這是沒有方法說是沒有妨害的。精選其出貨品，努力減低賣價，藉此得奉承顧客，這些才是商人的道德。營利若不當顧客的利益於眼中，無理地一味要錢，這種思想無論如何，總是太陳腐了。新聞紙也是同樣的，若絲毫不顧是否劣品，是否惡俗，乃至有害於社會否，而一味諂世媚俗，惟獲得買世間的歡心，這不是本能。若想到新聞間是廣大且急速地到世界的，其影響社會是極大這一層，那就愼上加愼，而不損人，不棄世，且提唱遠大的理想及努力於將來永遠的和平，這是當然的任務。

營利事業有什麽可恥！一條倫理儼然地存在着。

股份公司，再進一步就是公司與公司合同，新聞社與新聞社合併，却如商業的經營，由個人到合作，到無限公司，到有限公司，其結果又合力成爲「托拉斯」，成爲 Sgndicate 像這種行程詳述於此書最後的一章。

第二節　機械上的變遷

一　印刷機械

從機械的變遷上觀察新聞紙，完全呈一種眩目似的變化。近代的新聞紙的發生是在於印刷術發明以後，但印刷術的進步與年俱增，現在未能限其止境，與新聞紙有關係的機械底設備是很多的，但最主要的是印刷機械，所以就印刷機械的大體的變遷來述敘。

要敍述這個問題從日本的變遷說起，最容易明白。當類似新聞紙開始漸次發生的明治十年前後（一八七七年前後），用現在稱謂 Stope Cylinder 式的最原始的小型印刷機，不過能印一尺五寸到二尺用紙的半面吧了。（日本一尺等於中國九寸五）Stope Cylinder 式現在市內的小印刷舖還用着，其動力當然是手推或脚踏的。用手把印油擦到排好的活字版上，再用手把放到版上，其上有個圓筒形 Cylinder 的胴會轉的。轉一回就印出半面的印刷，這個胴當轉一回停止的時候，把印油擦到活字版上去，所以稱爲 StuPe Cylindee 吧。這樣單有印好半面再要兩面印的時候，非等半面的印油乾了不可，那末至少要半小時以上的時間。當然是由活字的組版直接地印刷，所謂「原版印刷」，因組版不是一個，所以一架印刷機也不能應用的。利用了這種原始的機械，一小時的印刷能力最多不過一千張。

再往後些能拓取紙型了（Matrix），這是印刷上的一大進步，拓取紙型是法國發明的。當一個組版好的時候，就拓取一張紙型，再澆鉛在紙型上，可以隨意要幾塊鉛版，所以那些鉛版裝在幾台的印刷機上。那末這幾架印刷機同時轉運，且能印出同樣的印刷，若從「原版印刷」時看則差多了。但是那時的鉛版仍是平版，所以非一面一面地印不可，再卽印刷用紙也非預先照着木製的定規切做所定的大小不可。其後動力漸利用蒸汽力，但是是橫型的引擎直接總於軸上（Shaft），這種接着皮車，再接着皮帶而轉動，印刷機是這機的細械。因利用這種動力，故印刷機的大小也增加，不論幾架，能在同時不用人力轉動。但這印刷機的能力一架一小時也不過一千二三百張吧了。

到明治二十五年時（一八九二）輪轉印刷機輸入日本，使用的是官報局與朝日新聞社，這機器是法國馬里臘尼的機器，這種機械被輸入後，從前的平版印刷的圓筒形，要一張一張地放到印刷機裏去的機器，變爲從長大的卷取紙的一端印刷。平版是不能同時印二面，但現在將圓筒形的鉛版嵌到印刷機的胴上，再把胴列成一組，則兩面同時可以印刷，故印刷的能力顯有長足的進步，使用圓筒形鉛版及卷取紙，而能同時印刷二面，這是不能不說全是轉輪機來了的大功績。其結果印刷機的能力，一小時約二萬張，兩面印好的紙。但是當時動力依然依着蒸汽，後變爲電力馬達 Mator 直接地轉運印刷機，而印刷能力一小時到了二萬五千張。

其次是那疊折印好了的新聞紙的機器，也是值得注目的進步。從前印刷好了的新聞紙，一一需用手折疊，到了折疊機加入印刷器後，機器能自動的疊新聞紙。再如很多印好的新聞紙，用人力將全部運到發送場去，一個個地捆扎後再發送的事，現在可由印刷機折疊印好的新聞紙自動地裝置後，徐徐地送到發送場。

經過了這些變遷，當大正十年（一九二一）到高速度印刷時代變了，稱為卷取紙或長卷的大形的東西，而印刷能力也到了八萬份。但今後改良的豫想，即怎樣再增加印刷的能力的問題，同時怎樣縮小印刷機放置的面積的問題，我想這些會漸到事實上的解決的吧。關於印刷速力的促進，如最近美國的印刷機發明大家 Henry A. Wise Wood 氏的超高速度機似的每小時能印三十二P.的六倍新聞紙，但印刷機面積的削減，是為更較重大的問題。現在不論那國佔在都市中央位置的新聞社，地價的太高故收買地段不得隨意，因此則本來就苦土地狹小的困難了。所以苦心於欲謀機器的縮小化是事實。假設面積方面能減削三四成，印刷的速力得增加五成，得到上下八成乃至二培的大擴充。

再關於補助印刷的種種機械裏，有叫自動鉛版鑄造製（Outplate），能澆鉛於紙型拓取鉛版，切平鉛版邊的凹凸，直到注水於鉛版使其冷却這些手續，都由一根槓杆自動的去做，就是這樣優良的機械，這是右面的 Wood 氏的發明品。此外如凹版印刷機行市報告用的 Ticker 等，都是到十九世紀才發生的機械，但不一件件去說明了。

二　攝影與新聞紙

現在攝影與記事站在同等的地位，也盡着傳達新聞的重大的任務都知道這是佔於新聞重要的一部分。當世務忙繁的現代，從讀的新聞，要辨看的新聞，這是很好的事，即使不一一去讀而看，但一過目就明瞭內容　這事是標題一樣的盡着最大的職務。

茲略述日本的攝影與新聞紙的關係：

日本新聞攝影的過程，大體是說從明治十二年七月有寫眞社者，　每星期六發行寫眞新聞，此爲寫眞新聞的嚆矢。後來經過了許多變遷，有意大利的網目版，明治二十年始有亞鉛版，二十三年東京每日新聞始登十六名代議士的相片，以後連續的到日俄戰爭前後，才由附錄的地位到本紙的地位，隨便到了鉛版銅版。至大正時代各新聞社幾都自置寫眞班及製版部，故以前之製版業均衰落，但是他們已認識相片的重要，故努力於海外的照片，其仰給之處，都從紐約爲 Wide World, Internationa 1,Acme,F.and A.,and Underwood各通信社從倫敦爲 London News Agency,Keystone Yiew Co.,Central news,Sport and General, 等社，其他自柏林巴黎等均有。

從前遇到突發事件時，攝影者乘自行車與二人拖的人力車而出去，這是最快的方法。現在是用摩托車與飛行機了。攝影底片的運輸也變遷了，如明治四十年的結城下館附近大演習時，僅許二社攝影，即博文館與「東京朝日寫眞班」。他們從朝到晚用三脚架東奔西走，傍晚到宿舍現影印相，再托是夜火車的便，翌日達到本社，再拿到製版所去製版，這種煩雜的手續，在現在是將已攝好的照相，沒有顯影，就有飛機運到大阪與東京在各社內製版，可以趕上這天的夕刊。（利用鴿運送照片從略）後來到電送照相開始後，則照相不由鴿及飛機了。如照和三年九月十四秩父宮家——照和的弟弟——與松平家定婚納采時的光景，東京日日及大阪每日用白拉式電送攝影機遞送，在日本這是 Newy 照相電送的先驅以後日本電通社及朝日新聞社均使用西門子，開洛，德烈風式電送機。照和三年大典時——即昭和登寶位時——正爲電送攝影競爭時代。

三　印刷用紙

當敍述新聞紙機械的變遷，不可落剩的是新聞印刷用紙，用紙製造的發達是促新聞紙的發達，而新聞紙的發達是促用紙的發達。

最初新聞紙是用一六〇〇年出的。新聞紙是以濫布爲原料，即搗爛了濫布用含有的麻的木棉做的，分量有限，但直到十九世紀的中葉，還全是用手梳的，故價格自然也高了，大量的生產是不可能的。

那時在濫布以外發明了木材做原料更以器械去製紙，稱爲粗紙的劣品印刷也是新聞紙。但價格低分量多，新聞紙的發行數也漸次增加，故非常適應其需要。但新聞用紙的需要，比像現在那樣的增加，那末任有多少的木材，總不能無限的供給的。現在日本內地的原料供給也不夠了，要到北海道去尋求，更要到樺太去尋求，然還不夠，所以又要從挪威那邊輸入原料。不單日本是這樣，歐美這樣的。因憂製紙原料供給的有盡　所以一方獎勵植樹造林，一方盛行研究漂白印過的新聞紙，再製成新紙的方法。更有一層，卽爲停止紙的供給的恐慌，故在英美的大新聞社，設立該社專有的製紙工場，或買占製紙公司股份的大部分，以便掌實權於新聞社手裏。這種組織最大的是倫敦的 Daily mail，和同樣經營的 Lothermere 系的新聞社●在 Newfoundlend 的經營新聞社的用紙，一一仰給於製紙公司是最不安心的事，這一點 Norsrief 早就看破，故中意那時的英國人幾乎全不注及的 Newfoundland 的 Gra. nd Ford，在那裏借得三千四百平方哩的原始林後，九十九年的租借期，在這種無人之境，開闢一個工業的市場，這公司投了一千四百萬冊的資本，籌劃市區建設家宅，改修大小河川，利用幾十條的瀑布，建一個施設近代最好的設備於鐵骨建築的新工場，到現在還有茫茫的大森林的土地，它擁有三千的住民，有電話，旅館，病院，學校，俱樂部，娛樂場，教會。這是英國教會派從羅馬教 Catholic 派，長老派，到救世軍等宗派都網羅了。公司現在所有的財產，於前面所說的租借地外，更有十二平方哩的各種建築物，二十二哩的鐵道，在 Botewood 有停船場及航行大洋的汽船等，一年的製紙額到了五萬噸，這個事業從一九〇四年着手，至一九一〇年才開始送製紙到倫敦去(注)。

與此相對的是 NewYork Times，於一九二六年與在美國創業最老的製紙

(注) F.A. Mckenzie: The Mystery of The Daily Mail.

公司，金巴來克拉公司合併在加拿大的澳大利經營斯蒲斯福斯電力，及製紙公司開始盛製自社用紙。這公司的資本五千萬元，租借地面積四千五百平方哩，一日間生產用紙五百噸 palp（是製紙的原料）一百二十噸，那末比起右述的 Lothermere 的工場設備要大多了。前者單看到開拓一處無人之境建設一個堂堂的村鎮的一點，兼營了這樣大的製紙事業的新聞社，除這二家以外，是沒有了。但是因顧慮到用紙委托社外製紙公司的不利與危險，而做製紙的兼營的新聞社、是還有幾個的。不幸在日本像朝日每日的大，連這點也還沒有達到。

新聞紙的保存

在這裏沒有加說明製紙業的必要，可是關於將來新聞用紙供給問題以外，現在還有一個堪懸念的問題。

現在製紙的原料，前面已經說了。是粉碎了木料再做成 Palp，這 Palp 與水混合起來，以濃厚的液體，平薄地注於布上，俟水乾後，就成爲紙。新聞用崇的養取紙，是不切不接地做成長長的一卷，所以二十聯的稱爲大卷，普通用十三聯半到十三聯，（公司則稱爲十二聯）用大卷紙可以印刷新聞紙二萬張。

但是粉碎木料有二種手續，一種是用機械的力量來打碎，一種是用藥品的力起化學作用來碎化木質。前者稱爲碎木，纖維是非常短的，後者屬於化學，纖維是長的，易於保存，能製好的紙，可是價值高貴。這二種調合起來，就成粗紙。但是單單作一天之用的新聞用紙，只用俟印油鮮明地印刷，那就自然極力使用價值低廉的紙了。故新聞用紙，以用碎木類的爲主。可是經過許多時日要酸化的，所以容易碎破。現在的新聞紙到十年二十年以後，是都變顏色，而一塊一塊的碎了，要保存新聞紙與子孫後世的事，是絕對不可能的，這是很困難的。故新聞社與圖書館及欲永久保存新聞紙的人，最先感到保存方法的不易。在外國漸有以特價出賣用特殊的用紙，得能永久保存的新聞紙，如倫敦的 Times 稱為 Empe ial 版的，這是開始用特別紙來印刷的。最古的了大阪朝日新聞，自昭和三年起，亦開始印像這樣的新聞，這恐是最新的了吧。N w York T mes 起始印這種版是一九二七年一月，這是與前二者不同，一個月分印二回的，合訂本一年賣百圓、用一磅四十分的用紙印的，價當普通用紙的五六倍，所以就是一百圓也是不足原價。Times 之次如 Ch cago Trimbun 自本年一月起，也開始印同樣的版了。在日本東京朝日率先着手於發行縮印版，大阪朝日隨之也是用特殊的用紙，這無非是為能保存計劃吧了。總之新聞紙的保存方法，雖是小事，但在將來是非解決不可的問題。

第三節　紙面上的變遷

新聞記事之求心的傾向

開始發生近代的新聞紙的時候，任那一國都以外國記事爲最主要的材料。在英國最初出版的新聞紙 weekly News，其題號是 Weekly News from Italy Garmonie, Hungaria? Bohemia? the Palatinate, France and The Low Countries) 前面已經說過了。這不過其中的一例吧了。英德法都是如此的。在「新聞社內能夠榮誇最古的系圖的是外報記事」Norscrief 這樣地說這是最能傳其神了。

在日本最初的新聞紙如 Ba avia 也是像名字所示的，卽登載從歐洲經Ba (avia 而來的諸報。其他如英人柏耳的「萬國新聞紙」（慶應三年，）英人西斯加坣登的倫敦新聞柳河春三的「西洋雜誌」起，到「海外新聞」「中外新報」「六合叢談」「香港新聞」「中外雜誌」「遐邇珍聞」「內外新聞」「內外國報」「萬國新報」止，都是一樣的欲報告海外的消息。

為什麼這樣注重海外記事呢，關於這點有種種的議論，那時剛是最必要關於海外智識的時代。這是一說。登國家的事稍疏忽些，不覺地就起了故障，有遭嚴重處置的顧慮。若是海外的事情，那末隨便，些什麼格別的，障過是沒有的。這是第二種說法。但是如英國的康拉脫斯（一六三二年因傷）西班牙的感情，而被禁止發行，在美國的 Public Occurences（一六九〇年）因侮辱了路易十四世，觸怒了美國的總統，這種事情不是沒有的。但這樣時候是很少的。再如取從海外的新聞翻譯來的材料，比起自己手裏蒐集材料快樂多了。編輯的樣式也照襲先進國，這是可以免得麻煩，這也是一種理由，在日本這確然是事實。

但是比這些更重大的原因，任那一國不是都感到從海外來的比國內的難嗎？更極端的說，我想大概國內的新聞雖多知道的，可是國外的事件是可一新耳目，所以成了新聞的種子吧。有一種遠比近的有價値的感覺，所以歡迎右邊那種海外新聞吧。

重視外報的思想，卽現在還是存在着。但若爲外國的事件，卽使關係很少的也去登載，國內的事卽使有些異味的事，也被輕視的傾向，不但日本是如此，美國也是這樣的，現在合同通信社長曾有這樣朝訕着。

這種思想慢慢地變化，到了要於國內尋求紀事材料，但本國內的新聞，其重心也在於政治方面的，因此議論比記載多了。十六世紀到十七世紀間，英國的新聞是這樣的。日本在明治十年左右，幾乎也全部是這樣的。那時的新聞紙的記事，如不是政治論的，與政治有關係的。大官高位者的動靜及街頭的雜事等，僅占了紙面的一小部分。因此當以街頭的雜事爲主的新聞，逐漸出現的時候，總是蔑視這種小新聞，自己是以大新聞爲任務的。那時的大新聞，以揭載政治論政治記事爲主，用沒有振假名（此卽日本的注音字母總稱）的活字印刷，大概紙幅也大小是用插圖及寫上振假名揭載的項目是事實，比議論爲重，但這些事實的中間，以街頭的雜事，比政治問題注意。自中日戰爭時起，這二種的新聞紙漸漸從二端走近來了。大的成小的，小的成大的，最後到了沒有大小的區別，想來是大新聞方面自己的立場高大，所以讀者數有限，反之小新聞方面人人都容易明白，誰都歡喜看，所以發行數也多，財政也豐足，其勢常常壓倒大新聞吧。大小的區別，最明顯是明治二十年左右，大的方面如「時事新聞」「日日新聞」「報知新聞」「每日新聞」「朝野新聞」「自由」等，小的方面如「繪入朝野新聞」「改進新聞」「山本新聞」等，「讀賣新聞」是中間的新聞紙。

所謂大小不分，就是一切的新聞，都有縮圖和振假名及政治外交論。同時於政治外交財政經濟外，更顧到殺傷事件盜竊欺詐暴行私奔情死等，一般的事實的報道。雖二者的區別這樣地消滅以後，但社中依然將政治外交等記事歸硬派記者，那時的「三面種」即從事於現今的社會記事的軟派記者，是被看輕的，硬派記者的地位高，酬勞也多。

最初新聞紙的記事是注重意見，後來才到注重事實。這種過程不單是日本如此，乃是全世界的新聞紙所踏的道程。如英國的泰晤士，是爲最初到事實的報道比意見的宣傳還注重的新聞紙。

這樣地移到事實報道後，當初於同樣的事實報道中，也重政治外交的硬者，而輕視所謂三面記事，已如右述。此後轉而又轉才到了現在有重三面事的傾向了。就全世界說，這是在日本特殊的現象，至於這個由來，因爲日本向新聞紙來作模範的先進國不同的緣故。

明治維新以來，在日本發刊的新聞紙，都是取範英國，自新聞紙有大小之別後，大新聞都是這樣的。如注重意見一點是一樣的，努力於政治記事一點，也是一樣，卽編輯方面的樸素寡味一點，也是一樣。插圖振假名都沒像是求讀者於知識階級一點，也是一樣，其他種種也都是英國式。至於小新聞，其腔調是明鮮的美國式。如注重事作一點是一樣，注力於街頭雜事一點也是一樣，編輯的華麗一點也是一樣，有畫寫振假名使婦孺也能看一點也是一樣的。

到了沒有大小新聞的區別，而行第一期的綜合編輯的時候，政治外交的所謂硬派記事，仍用英國式編輯。三面記事用美國式編輯。那時的編輯長雖稱爲編輯長，但是不一定統轄紙面全部的編輯的。是只限於關於政治外交財政經濟教育宗教市鎮等的硬派記事。另外有個獨立軟派的編輯長，從事於軟派記如小說諧談演藝之類，新聞紙上的第幾面與第幾面是硬派所管轄的，何者是軟派所管轄的，這是有一個裁定領土的區別。四頁新聞的時候，硬派記事是在第一面第二面，因軟派記事是在第三面，所以對軟派記事產生三面記事的名稱。三面記事的名稱，似乎是含有一種輕侮的的意義，到改爲社會記事，是日俄戰後的話。這硬軟二派的相異編輯，近到現在的新聞紙裏，還存有多少的餘痕。往往在標題使用活字的大小，小標題的多寡等，硬派有英國風，軟派有美國風的編輯的傾向。

這硬軟二派的編輯，各行其是，則無論如何有很多的不便，編輯長的威令，不能到社會部，這不容說是不方便。同時在同一的新聞紙內的政治與社會面的記事，也有互相衝突的地方，這是困難的事。所以到了以硬軟二派的記事經整理部去歸聚的編輯，這就是第二期的總合編輯制。這制度於歐戰後才起的，因此總合編輯改去了從來兩派記事的根據何面的，而看事件的大小，如殺人強盜的記事也可登在第二面第三面，關於議會內閣的記事也可在社會面登載。

第一期的總合編輯是取消大小的區別，第二期的總合編輯，是不分英國式與美國式的區別。可是到現在還有多少的痕跡留存在新聞紙上，單就形式說可以明白地，見到有英國式與美國式的區別。概括地說現在的夕刊及四面新聞，是美國式，八頁的朝刊新聞是英國式。美國式是登載重要記事於第一面，英國式是第一面，登廣告，社評和重要的記事在紙面的內側。

社會記事到被認為紙面的重要部分，也有顯着的變遷，敍述變遷之先，想說明為什麼社會記事被重視關於政治經濟的記事，單單對這夠事情有興味的一部人愛看的，而不是百人中百人歡喜看的。至於強盜殺人私奔自殺之類，誰看了都可引起興趣的。爲什麽會這樣呢，因爲這類的記事，有觸動人情的機微的地方，人這個東西多被剖解了些，政治經濟的記事不是總不剖解人這個東西的，可是在讀者的頭腦裏，沒有社會記事那樣興感。然社會記事讀者與記事中的人物之間，總有的共鳴的地方。名哲曾論歷史說嘉氏是英國的歷史家，稱喬治第三世的人生了成大了，稱喬治第二世的男子死了，及華爾浦爾潘拉姆加達姆斯等組織聯合內閣，或是不組織了等等，聽了這些事何曾動聽，我們要求的不是宮廷的歲時記，也不是議會的記錄，是「英國人間的眞實的人生，要知道人在那裏做什麽想什麽，苦痛什麽，樂什麽？」

這樣的說着，但是可以當作歷史新聞紙記事，也應該剖解「人間的事件」，在這一點上，社會部的記事雖像寫些沒有意味的事情，實際上供獻關於剖解人間的事件的材料是不少的。反之政治問題與眞的人間，沒有直接的接觸，單與國民的人間接觸，因此由空間方面說，社會記事是沒有國界的，但政治記事是有國界的。由時間方面說，軟派的記事比較上有較長的生命，硬派的記事有不少是短生命的。就營業收益稅委讓於地方問題，然於外國人居留在日本的一部分外，幾乎一無利害關係的事。就殖民地自治問題，說在英國是自由黨內閣的大問題，但在一般的日本人就什麽興味也不感到。稍微使一般日本讀者注目的，如嘉遜阿斯達組織義勇團而反對全國劃一的自治制，不明不白地將自治制度的埒菲了，而自稱爲某共和國大總統，這種事件之帶有軟派的色彩，是後來的事。更如一九一三年在法國的內閣裏起了收賄問題，閣員嘉由受「福加爾」新聞嚴厲的攻擊，因此那時的內閣也許要推倒，有這樣的評判，可是法國的內閣的顛覆與不顛覆，單單看福加爾的法國的讀者感到非常興味的問題吧了。但在隔了很遠的日本的一般的讀者，很多是完全於不知不覺間而過去的。然而因為一天嘉由夫人鎗殺福加爾主筆，嘉爾姆脫的事件後，不單引起法國的讀者的注意，卽全世界讀者也是如此。一國的大官的夫人殺丨攻擊丈夫的新聞記者事件，誰聽了都是有趣的事，因這事在興味方面是沒有國境的材料。

看了社會記事到爲被人重視的新聞記事的變遷之跡，歷然地知尋求材料，漸漸由遠處到近處去尋求了。我假稱爲「求心的傾向」的，就是這個詳細地說起來，最初記事是以外報爲主，以後漸次地到了國內的報道。這種國內的報道，起初是以政治問題爲主的，可是慢慢到了注重社會記事的傾向，這樣地向內層伸進的求心的大勢，現在還是繼續着。卽於同一事實的報道，不單只取現於皮相外形的東西，而樂於更深地伸入人心的底處到了這種傾向。

因社會記事之成爲重要，所以做社會記事的人是異常發達，從前硬派軟派的區別，是依記事的材料的，如繼承軟派的社會記事，及記事的題材都是限於當年的軟派的材料。但當改稱社會記事後，同時材料的範圍也漸次地擴大，不一定是只以街頭的雜事爲題材，即政治經濟的問題，也可像社會記事似的去辦。這就是硬軟的區別，不在題材上，是屬於做事的人方面了。

社會記事是以人間興味爲中心的。在同一的政治記事裏，關於內閣的更迭，有關係的政治家的動靜，及下次內閣的預想等，是歸政治部做的。關於內閣更迭一般民衆的心理，及擬設的下次內閣總理大臣的人物，和出入的人及家族的消息等，是社會部方面要報告的。如報告東京的市政，也是一樣的關市會的記事，屬於政治部，但市內的水道電燈等是社會部的材料。內務大臣的動靜是政治部的材料，是沒有錯的，可是內務大臣視察貧民窟時的狀況，要待社會部的筆的。像議會的記事從前完全委於硬派記者的手中，可是近來社會部的記者也於議會活動了。要之對於同一樣事件一個是編年體似的去敍述，一個是文明史似的去敍述，一是記錄似的報告事件的外殼，一是以事件關係者爲本位而寫的。

以人間興味爲中心，是比那外殼的乾燥的記錄要進一步的。但近來再進一步對於事件不止報告關於人類的運動，而深入人間的心理中而敍述事件發生的內心的曲折，有這種傾向了。前者稱爲有形事實，後者稱爲心理事實；關於這事，改在有說明必要的時候再說。

以上是一關於紙面上的新聞記事的敍述，此外如於紙幅的體裁上是大小不齊的。大概一致用標準的形式，起初只限於五號二號的二種活字，以後漸漸的增加種類，即自一號到七號，這是不必說明了。但也有用一號初號以上的特號，活字的種類，有明朝清朝二種，現在全用明朝的一種，又混用其他特別的字體。活字改紙面常用的基本活字，由舊五號改爲新五號。新聞的分欄變動，由二段加到三段四段，最後到十二段，十三段。段數增加一段的篇幅縮小，同時從前記事的本體標題容納在一段裏的。但成了二緯三緯四緯乃加大小各種的活字於標題，然大抵的標題用二個以上的(標題的行別)記事及標題的新法，由平報似的記錄體漸次到印象式等等，紙面外形的變遷。若一個個的舉出來，當然有不勝遑舉的，但是涉及新聞紙面全體的不可否認的變遷，我相信盡於右面舉的求心的傾向裏了。

第四章　近代的新聞紙及其種類

前面常常用「近代新聞紙」的一句話，這是單在與現代的新聞紙相異的News Letter與News Book區別而用的，不是探討內容，而分別新聞紙的古今。先就近代的新聞紙究竟是怎樣的一個形態來說一下：

第一節　近代的新聞紙的特色

現在我們聽到新聞紙的名詞，立刻就浮到腦海裏的，是一張印好的大的紙，（當然的疊着幾個Pages）新聞紙是有多少，大小之差，但是大概以四六開十六Page的大小爲標準形，其他最近在美國有稱爲TyPist的。是一p.四六開四倍大，即當普通新聞紙的一半，以攝影新聞的標準形爲流行，Typist 型稱爲普通大小的標準型或 Blanket.

關於形式大小的問題有種種的議論，有的說現在新聞紙的大小要翻過來看是不方便的，在電車火車裏要擾亂鄰座，在床上睡着看也是不便，因此小型的不論於攜手方面，保存方面，都是適宜。從前 Sir. Northcliffe 到美國的時候，New York world 的社長 Pulitzer將world一切的編輯，只有一天一任 Northcliffe 去辦，於是腦氏隨着自已所想的而辦，那時 Northcliffe 在這一天就印 Typist 型，因此評判腦氏所理想的新聞紙的型式，是 Typist 型，但是 有腦氏自身經營的新聞紙 Dailymail 也是 Typist 型，其他多是大型的。

實際上大型的，能集重要的記事於一面有着種種的新聞能一目瞭然的便利，即廣告方面，也有能容納大廣告的利益。這個那個的議論，是很多的。但是綜合起來，現在的新聞紙是一張印刷好的大紙的一條，是可以目爲現代新聞紙的一個特徵。

在大型用紙以外，更有一個浮在人們的腦海裏的，是活字印刷的一點；暫時不說一筆筆用手寫的時候，到了印刷術發明以後，還有不少雕刻在一塊木版上做成一字一字獨立的小版，能像現在的活字似的縱橫自在的放置，現代的新聞紙都是活字來印刷的。

但是活字印刷在現在很少從活字的組版的原版印刷，大抵由紙型做成鉛版去印刷。可是其基礎仍是活字。近來有一種盛行於歐美的 Linotype，像打字機似的打那鍵盤 Key，隨之成了一行一行的版，集起來組成一批，但一個個的字，還是活字的形狀。若因其不是一字一字而是一行一行的，所以不稱爲活字印刷是不能說的。

因此用活字印刷，這一件事，目爲現代新聞紙的一個特徵，是沒有什麼奇異的。但是論到這活字印刷以後是否永遠地用着的一點，是有多少疑問的餘地。現在由照相做成凹版，不用一切活字的印刷方法，及照着從打字機（Tywrit r）打出來的原稿，就去做版等方法，都是考案出來的印刷術的新方式，由此推測，恐怕活字印刷沒有長時間的生命了吧。

其次近代的新聞紙必有一定的題號，當往昔在News Lett r和Newsbook的時候，是因編輯者一時的意思而用了種種的名詞於各種地方，可是在現在沒有一定名詞的新聞，是完全沒有了。新聞紙的名稱於象徵牠的個性上是有極重要的任務的，所以當選定的時候，總是要費相當的考慮，既下定了的名稱，因尊重其歷史，所以不輕易改換的。如「讀賣新聞」那裏是讀而賣，但現在還是保存着因來的舊名，這就是重視由來的一個實例。Northcliffe創辦Daily Mail的時候，對於命名的反復考慮，是非常苦心的，總要容易明白，容易呼讀，再要不與別的一樣，更要找一個單音節的言詞，最後選定了Mail，這是有名的故事。

新聞紙的題號

在日本於地名之下，添了新聞二字爲最普通，對於不以地名而加了「朝日」「時事」「二六」種種有特色的文字，是足以看到他們的苦心。下面的新聞二字，似乎是沒有什麼重要的，像往昔的「二六時報」和現在的「萬朝報」的名字是不多有的。這一點與歐美諸國大異其旨的地方，現在先計算日本二百八十七種日文日刊新聞名詞的多少，來看一下，那末以「新聞」最多，「新報」「日報」，爲其次。

新聞，一七四	新報，四九	日報，三八
民報八	朝報五	秦晤士四

時報三　　　　其他六

再看在美國就有很多的變化，日刊新聞有二千四百種，其所用的名詞約三百種，以 News 為最高點，Times 為其次。

News	298	Times	191
Journal	155	Herald	142
Tribune	108	Recard	80
Republican	79	Press	70
Star	67	Democrat	59
Gazet e	57	Sun	51
Gourier	48	Post	47
Leader	46	Telegram	53

Independent	33	Sentinel	31
Chroncile	30	Bulletin	29
Dispatch	28	Register	26
American	23	Union	21
Review	20	Reporter	20
Citizen	20	Telegraph	18
Commercial	18	Standard	17
Enterprises	17	Messenger	16
Eagle	15	Mail	14
Express	14	Daily	14
Advertiser	14	Globe	13

Free Press	13	Advlcate	13
Leager	12	Item	12
Capitle	12	Banner	12
State	11	Obsrever	11
Call	11	world	11
Transpcript	10	Recarder	10

再看英國是怎樣，在百九十九種日刊內，News與Argus各占二十五的最高點，次Echo十五，Mail十二。New名詞的多，是當然的。但是用比Argus更難的名詞最多的（Argus是西臘Greece的神話裏的有無數眼睛的巨人的名詞）是一家在英國南部的，Southern Publishingco.在Burton和Hastrings及其他南方的諸都市發行同名的新聞，但這是分爲朝夕二刊的結果。

現存以數之多少爲順序列出：

News	25	Argus	25
Echo	15	Mail	12
Telegraph	10	Express	9
Post	9	T mes	7
Gazette	7	Chronicle	6
Herld	5	Dispatch	4
Star	5	Citzen	3
Press	3	Standard	3

舉以上英美目錄裏所洩的：

Beacon　Bee　Bird　Circular　Courant

Examiner　Forum　Guardian　Letter　Mercury

Mirror　Monitor　Outlook　Pilot　Pioneer

Sketch　Tidings　whig

以上三特徵以外，最後的一個重要點，即定期的刊行。但定期刊行，設其定期是短時日的定期，其刊行不是無限地繼續下去的，則不能稱爲新聞紙。從前那些似新聞紙的東西，也有幾種，如讀賣的瓦版及畫了時事的錦繪之類，都是不定期的。而且又是限於一個時期的。稱爲新聞紙的是定期的，不是單在某個一定的時期才發行的。但是有些時候也有少數因選舉運動等事，而限於一個時期發行的新聞紙，但是性質上應有無限發行的形式，不是於某限定期內就結束的；這一點是與定期發行的預約出版的全集不同的地方。

（註）Newspaper World; 6, 29 1929.

稱爲定期的・一年出二回的刊物，不是新聞紙。一個月出二回也說不上新聞紙，最少限度若不是週刊以上的刊物，於現代用語的習慣上是不能稱爲新聞紙的，前面所說的非知時日的定期不可的話，就是這個的意思。若是依最普通的解釋，那末新聞紙非日刊是不可的。現在一說到新聞紙就有日刊意味，如Kennedy Jones 說的「Press 是限於日刊」。但是現今的新聞紙已經超過日刊而也有半日刊，及每時刊，日本的地方版，英美的夕刊等，有比每時刊的換版時間還要短的。這樣想起來，那末在英美的鄉間也有豐富的週刊新聞，從這二個極端看起來，那末新聞紙一定是日刊的話，在歸納推理上是不能沒有異議的。然在普通的用語例上，是當爲日刊的。這是沒有格外的錯誤的，但最少限度說他是短時日的定期。這是沒有故障的。

（注）Kennedy Jones: Fleet Street and Downing Street.

具了以上四種的特徵，這就是從形體上來解釋近代的新聞紙。日本的新聞紙法有一條：「用一定的題號及規定時期。於六個月內不規定時期，則所發行的著作品，及用同一題號於定期以外發行之著作品爲臨時發行之著作品」。

又於後半規定的「定期以外」云云，於取締新聞社發行的號外及附錄所必要的。新聞紙的主體無論如何是要定期刊行的，若因這新聞紙法包含着新聞紙以外的雜誌及通信社發行的通信，於法律中，故即據此來通俗一般地解釋新聞紙的定義是難的。

歐洲大戰的時候，英國限於午後八時一切商店均須閉鎖，獨許新聞紙及藥舖賣買，因此有借新聞紙之名，而印刷不是新聞紙的刊物於規定時間以外來賣，所以起了怎樣的東西是新聞紙的問題。當時的解釋，是不承認比週刊遠的定期刊行爲新聞紙，在美國因對新聞紙的郵費特別減輕，所以區別是否新聞紙的標準是必要的，所以加了收價購讀的部數一定要多部以上的條件，但這是郵政行政上的必要所起的規定，與本論沒有關係。

以上總是由法律的保護及取締上的必要而規定新聞紙的意義。然這些是依各國的情形而不同，不論那一國，新聞紙的解釋沒有不同點是：（一）大的用紙，（二）用活字印刷，（三）有一定的題號，（四）定期刊行的四種條件。

與新聞紙最相似的是書籍與雜誌，活字印刷這一點是一致的，至於用紙是全然相異，於定期無限制刊行的一點也不同。

這種區別單是形式上的區別，不過是於一般公衆了解的意味上的新聞紙的通俗的意味吧了。新聞紙的眞實的意義是怎樣，是不外依那繁雜的內容如何的一法而已，這事讓於次章。現在再說到新聞紙的種類吧。

第二節　新聞紙的種類

新聞紙的種類，由發行的時間上分別起來，則有朝刊，夕刊。從發行的次數說起來，則有週刊，日刊。因發行地方不同，所以有地方新聞，中央新聞。由新聞紙的內容而言，大約有一般的新聞，與專門的新聞，這些是誰都知道的事。這樣的區別也許有人要說用不到說明了，但是沒有這樣簡單的。

一　朝刊　夕刊

說到朝刊是朝上發行的，夕刊是晚上發行的，就夠了。但是在美國最早的夕刊，在朝上八點發行的 John Given: Making a Newspaper. 如此則朝夕的區別，難於判別。在歐美的朝刊夕刊幾乎如往者日本的大新聞與小新聞的區別似的。朝刊是堂堂八P.與十二P.以上的新聞紙，總是示着一種素樸的編輯；夕刊則大抵只四P.而已，探意外的富華的編輯。所以一般公衆對於朝刊夕刊的看法大異，有重此輕彼的傾向。在日本也有些這樣的傾向。但日本的夕刊大抵與朝刊的夕刊物，獨立的夕刊物是不多的，所以沒有特別的大問題。在美國的朝刊與夕刊那就引起相當的問題了。在美國九百餘個新聞社的會員組織的發行部數監查局 Audit Bureau of Circulation 略稱 A.B.C. 嚴重地調查加入的各社的新聞發行部數。而對新聞社及廣告的顧客公佈，廣告費的計算的基礎當然是根據新聞紙的發行數的。所以由這種組織去知道正確的發行部數，這是可以免去登廣告者欺蒙於盲吹的發行部數，這不但保護登廣告者的利益，同時新聞社方面發得表白自社聲明的發行部數不是盲吹的，這實在的是新聞社喜悅的地方。這監查局的報告眞是很詳審的，於同一的發行部數內，將其中賣錢的販賣數，折扣的販賣數，和贈送數，等一一分類，更區別其發行數在都市有多少，近郊多少，州內多少，州外海外多少。因此那家新聞紙，某地賣錢的有多少，可以一目瞭然。其中對於朝刊是怎樣，夕刊是怎樣，不容說是分別的，然而如前面所說的，在美國一朝出的夕刊，(說起來是有的可笑但是因為實際上叫Evening所以這樣譯的)，也有很晚出的朝刊的最終版。設寫有發行的日期而發行，那末沒有什麼問題，但是遲的夕刊也和日本的夕刊一樣的寫上翌日的日期，所以假設為朝刊的形式，就成了與朝刊競爭之勢。因寫 翌日的日期，故合計前大夕刊數，與前天的夕刊數，這就是該新聞紙的發行數。即夕刊的部數高，故眞的朝刊新聞的不利益的苦情，即是由此發生。這種苦情在前年的監査局大會裏，成為問題， 後通過選了委員去明定朝刊夕刊的區別，其 果於去年四月間，委員的協定提出了，大體決定全紙數的十分之九八，是於午前六時到午後九時之間印刷的為夕刊，同紙的全紙數的十分的九八，是於午後六時到翌朝九時之間印刷的爲朝刊，於此規外的時間，印刷的部數雙方均不　超過全紙面的二。

觀此可以知道朝刊夕刊的區別，是很不容易的。

二　週刊　日刊

新聞紙不是一定限定日刊的，但是在地方的小都會裏，純然的新聞紙於一週發行一次，所以世間有週刊新聞的事，是不能否定的。週刊是一週發行一次，日刊是一天發行一回，這樣說，那末其區別似乎是明白了。但是在英國稱爲週刊的是有隔一日發行的，有於一週發行二三次的，這樣想起來，那末日刊也未必限於一日一次，現在有於一天裏換了好幾回版而連續地發行十數回的新聞紙，這是人所知道的事。在倫敦的發行的 Thenewstc b world，有了三百萬的發行數，足誇稱爲世界第一的發行數。然這是週刊，本來應以日曜日發行爲原則，但牠於金土日的三天發行的。此外在英國還有一種可以稱爲日刊新聞的週刊，英國因勞働問題的關係，故爲遵守日曜日休息的事，是很糾紛的，因此於日曜日不休刊的日刊新聞一個也沒有，前年 Daily Mail 的 Sir. Noth. liffe 與 Daily Telegrapn 的 Sir. Bornam 要實行日曜不休刊，但是受了國論嚴重的非難，當時的首相羅斯倍爾與之商談，最後不實行了。因此日刊新聞，都是於土日曜休息，在日曜日不出新聞，爲要補這個缺點，故有單於日曜日發行的週刊新聞，這種週刊新聞與 Mail 和 Times 的週刊不同，要說是登載一週間的記事，不如說是只載這日曜日前後的記事，所以是一種日刊的週刊新聞。Sunday Times是最著名的一個例子，稱這種爲「日曜新聞」爲要與普通的週刊新聞區別的緣故。

三　地方　中央

這二者的區別也是一看就明瞭似的。但是恐怕不能吧！即就同一的地方新聞說，有二種的意味，是不可忘了的。一種是在地方發行的新聞紙，一種是不問發行的地方如何而是登載地方爲記事的新聞紙。前者包含了在中央首都以外發行的一切新聞紙，後者是單以某一地方的讀者爲對象的特殊的新聞紙。於前者的意味對於二者的區別是沒有格外的疑義。可是在後者的雖是在地方的也有不是地方新聞紙，雖是在中央的也有應稱爲地方新聞的。如Endinburg' Scotsman. Manchester's Manchester Guardian, Ben-mingham's Berm'nham Daily Post似的，總是因爲在地方發行的，而稱爲地方新聞，可是從其紙面的性質上說，是堂堂的全國的新聞(National Paper)。與此相反的如 Islington Daily Gazette Kensington News, Bayswater Chronicle, Westminster Express 等都是發行於倫敦，但由其性質上是屬於地方新聞。在日本如名古屋的「名古屋新聞」，「新愛知」，福岡之「福岡日日新聞」，仙台的「河北新報」，札幌的「北海泰晤士」，都是於地方發行的全國新聞紙，同時「淺草新聞」「小石川新聞」等是發行於東京的地方新聞。

四　Trade Papers

對於以普通一般的讀者爲對象的新聞紙以外，有一種特爲某種職業某種商業或某種研究的緣故，單使這一門的人看的專門的新聞紙。這類的新聞在現在的日本很少的，如「勞動農民新聞」「日本警察新聞」「日本文具新聞」「日本和洋酒罐新聞」「日本化學工業新聞」「法律新聞」「東京印刷新聞」「東京首飾物化粧品商報」等　雖有新聞的名詞，但都是月刊，週刊之類，還沒有到新聞紙的疆域，如「帝國新報」日刊，是像其名稱所示的，以本邦唯一的日刊「礦及海運新聞」而存在着，像帝國新報這樣的標準型的新聞紙，一張也沒有，但是關於軍事，教育，宗教，新聞紙，行市，保險，銀行等的 Typist 型的 Trud Paper是相當發行了很多如「中外商業新報」「東京大勢新聞」。用解釋的方法，那末不能稱爲 Trad Paper，但這樣的說，恐怕新聞社的方面不怨有吧。

不能稱爲適當的 Trad Paper 在日本是出有很多，如大學新聞，始自慶應大學的「三田新聞」，東京商科大學的「一橋新聞」到「日本大學新聞」「立教新聞」「帝國大學新聞」「中央大學新聞」等全是的。雖具新聞紙的形態，但一個也不是日刊。

第五章 News的意義與其區別

第一節 News的原語

從形式上的新聞紙是什麼，我想大致盡於以上的說明中了，但進一步，從內容上來說其性質，那末新聞紙如其名所示的，卽登載 News 一語可盡了。這不過是文字的解釋，內容是一點也沒被說明，因此什麼是 News 的第二個問題發生了。

News 的一字相當的日本語是不容易找得，所以現在原語已與日本語一樣用了，可是什麼是 News 的問題，是不容易解決的，什麼是 News 已經是很久的問題了，但是到現在能說盡的可以說一個也沒有。

按News的語源，有的說是取東西南北的方向North East West South的頭一個字母組成的，就是說從四方蒐集報道的意義，這個俗說是自古就有的，這是不足取的俗說，News這字固定以NEWS四字組成是在十七世紀，於此前可以找出許多綴法如Neues, Niewse, Nues, Newys, Newis, Newes等。

News卽News Tidings（新報道），又是New things新事物），自然地漸成了News的字，如James Grant之說（注）並不是不實，但還沒有說完全。若依Casper Yost之說，則在國語的形成時代，卽文法與語格沒有規定的時代，筆者與話者欲表示自己的意思，可隨便將名詞爲動詞，形容詞爲名詞，在這種時代加了一個s於New而成了名詞吧。他這樣的說。News一字的意義，

（注 James Grant: The Newspaper Press Vol. I）

只是「新」，是屬於英語的最古語，要究其祖先那末從 Salncrit 的 nava 變成 Latin 語的 Novus， 這是成爲古 saxon 的 Niwi;，Anglesaxoa 的 Niwe 及 News 於中世紀的英語不但作形容詞，且作副詞，動詞，名詞●其變爲名詞的複數形的 Newo 在最初是單作爲「新的東西」的意義，在 Sir Thomas More 的名著烏託邦裏的 Not for a vain and Curious Desire to 'ee news. 裏作爲新的東西的意義，但是不知從何時起才被用作「新的報道」的意義，據牛津 oxford 字典，那末最初看見當這個意義用的是：一四二三 Scotland 的 James 第一世的勅書，可是到了被一般使用是一千五百年後的事，在 Geoffrey Chancer 的詩裏，當這種意義時都用 Tiding 一語。第十世紀版的聖經的英譯本裏用 Tiding 二十五次，但 News 一次也沒有用：在 ShakesPear 中 New 用了三十八次，惟 Tiding 不過用了九次，由此看來以十五世紀中頃爲界，似乎是 News 代替

Tiding 了。(注)

第二節　News 的二種意義

從 News 的原語上解釋，那末 News 是「新事實的報道」，但這是狹義的解釋，於現在有比這更廣的意味，這就是引起問題的導線。

新聞紙的記事，一向來就有事實的報道，與意見的發表二種，近代的新聞紙最初發生的時候，最注重意見的發表，卽現在還是蟠居於新聞紙的一部分，而有相當的勢力，要區別這二種起見，所以稱報道方面爲 News，意見方面則用同韻的言詞卽稱爲 Views。與意見對立存在的報道稱爲 News，這就是狹義的 News，用於現今無線電(Radio)放送等的 News 卽是這個意味。

(注) Casper Yost: The Principles Of Journalism.

新聞紙的記事限於意見與報道二者這是可以的，然新聞紙像前面說的從注重意見的發表一轉而注意事實的報道的傾向，從新聞紙本來的意義看，一定是這樣的。當一千八百年末頃時，若不是 News 決不是新聞記事，即所謂 News 萬能時代。

要說這種變遷，將先述二個有興味的事實。美國的獨立宣言，是一七七五年七月四日在 Philadelphia 舉行的，這事要是在現在，是集中天下的聽視的一個大的 News，即日載於世界中的新聞紙上，這是沒有錯的。在日本就是現在的號外了。然而這事件發生的當時的 Philadephia 的新聞隔了十天即於十三日始登，僅隔了三百餘哩的 Boston 的新聞隔了二十天的二十二日還沒有登載。（注）由此可以知道是一個怎樣交通機關不備的時代，同時知道事實的報道

（注）Edwin L. Shuman: Practical Journalism.

多麼地被新聞紙輕視。後來起如何的變化則示於下面一個事實裏。

雖美國的獨立宣言僅隔了四十年的一八一五年的六月十八日發生的決歐洲列國運命的滑鉄盧戰爭，在這次戰爭裏，可以說是激戰的只有一天就完了，可是這夜聯合軍的總師威靈頓將軍督促副官直到夜間十一句鐘，還要作二封的詳細戰爭記。從戰場到海岸的四十哩間用驛馬，從海岸到 Dover 的六十哩用船，Dover 到 London 的七十五哩間又有驛馬，走到十九日的夜裏，一封達到參謀本部，一封　到泰晤士社，因了這個迅速的計算，所以泰晤士於次日的朝刊能登載約四欄的記事，其中連死傷的人數也不洩溜，威靈頓是與新聞社沒有關係的人，但是這樣的努力，是因爲他是瞭解那時的新聞紙是注力於記事迅速報道的緣故。於四十時間對於新聞紙的 News 的態度變到這種的田地。

在現在，這狹義的 News 還是佔着新聞記事的重要地位，這是不容說了。

但是說到新聞紙的發達，則記事的種類是次第的分化，已不是單純地收集意見與報道這二種有限的範疇了，要說明這一點，就是單登載 News 的不是新聞紙的個性，若此則無論那家新聞將同時爲一樣了。

單依狹義的 News 是不成的一點，現在將稍爲詳細的說明一下，即：

第一，是運輸交通的機關的發達，所以連世界的一角上發生的事故，也可以即刻使全世界知道，無論那個新聞均能登載，往昔的那種只有一家新聞因講某種特殊的手段而獨佔某種特殊的材料的事，是完全不可能了。於東京市中發生了某種事件，經過了種種的手後，則那個新聞社都知道了。只有一社知道而他社不知道，所謂[illegible]「特別記事似」的事，雖然沒有是不會沒有的，但是很小發見的。單依這一點新聞社終究是不能維持的，在現在得到「特別記事」的事是多麼的困難，看了從前因助腦比賴少將，而慘死的諾威探險家愛姆遜等，南極的報道就可知道了。愛姆遜在一九一二的年底，一途平安的到了南極的報告，至次年春天最先登揭於倫敦的 Daily Chionicle，這是愛姆遜氏與 Chronicle 間預先有契約的結果，可是美國的 NewYortTimes 收買了Chrouicle 所接到的電報的全文，泰晤士想在美國獨佔發行權，可是不知道 Hearst 派的 NewAmerican 是否知道泰晤士的計劃而利用了紐約的時間比倫敦遲了五小時的一點，將 Chroni le 所登的電報全文用電報打到美國，因此費了特別費用和苦心的泰晤士，到底還是不能獨佔這項好材料，因 Amesican 也登載於同日的紙上，由這樣特殊的距離遠的地方來的 News，尙不能獨佔，那末於同一個都市，或同一國家中發生的事件的難於獨佔，是無容置辯。若是東京市中的新聞紙只以單純的報道爲事，那末怕東京市中有了一種的新聞紙就可夠了。因設有幾家也都是相同的。這是不能單單依賴 News 的證實。

第二，印刷設備的發達，所以有優秀器械的新聞社，可以自由地從他社的新聞紙裏選據及轉載，設不是這樣，那末從他社得到的暗示（Hint），再急速地編成記事，也還可以趕得上的，若這樣辦，那末一社費心血的「特別記事」，可以被他社奪去，而於同日的紙上登載同樣的記事，這是常有的事。設甲社有一時間印十萬份的器械，乙社有不能印五萬份的器械，但是發送朝刊是於午前四時開始的，那末乙社最遲非於午時三時開始印刷不可，而甲社可在午前三時三十分，在此三十分間，能夠自由地從乙社早就印好的裏面自由地取材料，也許未必照這種方法去做，但總之一個社對於有優秀器械的社競爭是不可能的，這是事實。這一點也是許多新聞社不能只以 News 為發揮特色的理由。

第三，單以新事實的報道而辦新聞紙，然能引惹讀者注意的重大的興味的新事實，不是每天每天發生的，所以有時非祇以完全不足讀的乏味的新聞登不可，這種時期是不能斷定幾天以後才不繼續的。新聞紙的材料於一年中不是常豐富的，如在正月或七八兩月的盛夏的時候，一般名人不在中央或因其他的理由，而致缺乏有趣的材料。在歐美當這個時候祇登些什麼幾丈的蟒在那個海上出現了；什麼那個小孩是神脫身的這些預言，專寫些無意識的事件添補之，所以稱這種材料缺乏的季節，Silley Season，「無意識的季節」。這也是不能單靠News的理由之一。

第四，我想這是最大的理由了。設新聞社一個個地去蒐集新事實，那末新聞社須用很多的人，需要莫大的費用，欲節約起見，所以像美國的聯合通信社有新聞的聯合，及有由獨家供給News為專務的通信社，及Syndicate，因此新聞社不需要特別的才能與修養，而關於誰都能蒐集的露出新聞（Barefats），可以一切委之通信事業專門的組織去做，個己可努力於智力方面。「露出事實」

將於後章詳述。但前面曾經說過的「有形事實」，就是說像顯在外面的火燒，大洪水，首相暗殺等事件，誰的眼睛都能見到的，誰的耳朵都能聽到的事實。由此再進一步，漸次說到智力的方面，如前面已經說過的「心理事實」就是一個例子。美國的 Charles Dana 是與 Horace Greely 及 Bennett 並列的，均被稱爲前世紀美國新聞界的三鼎足。最初他助 Greely 時，當 New York Tribune 的編輯，後來獨立創辦 New York Sun，這 Sun 的編輯於整齊的一點，是超人頭地，故被稱爲「新聞記者的新聞紙」，更說是新聞記者應該讀的模範新聞紙。Charles 於一九一三年在 Union 大學的演講，極力說新聞紙的生命繫于 news，沒有 news 的新聞紙不是新聞紙，但是後來因最近通信事業發達之結果，故他這樣地說：「新聞記者可以脫離了從前那樣專集新事實的褩業了」。(Emanc iPatedfrom all that dru gery)。漸次到了可以致力於智的方面了」。

（注）離今四十年前，Dana 已經說破了單以新事實之報道不是新聞紙之任務。

知道了只以普通的新事實報道是不能表現新聞紙的各種的個性的時候，那末辦新聞紙的方法分為二種：一種當然不必說是以新事實為本位，對於或種事件，該社特地加一種特殊的活動。平凡的 news 靠了記者的計謀而使成為「特別記事」，這稱為 Play Up，或是 Featurize，這就是像近來的新聞紙於第二面用大號活字，而更加詳細地——報道他社所不能這樣重大地活動的事件，這樣地辦法，漸漸地熱化了，致誇張曲折，牽強附會一件事實，最利害的連新聞社自身也為了事件中的人物，故意的極力製造新聞紙的材料，而這事件發展，這種在美國，盛行一時，即所謂黃色新聞，（Yellow Journalism）。在現在是完全衰亡了。現今美國新聞紙的報道也還是黃色調的，像這種惡口，是不僅美國

（注）Charles Sana: The art of NewsPapw Making

新聞界最近的形勢的人說的。黃色的本家不容說是World Herald，卽如Heurst系的 Amercian 也漸次地自重，現今不是努力於這樣淺薄的事了。

新聞紙單是新事實的報道，是不可能的，故於 News 的辦法發生了右面那樣的新機運，對於某種事去 Play.P，這當然也是一種方法。但是招這種 News 以外的記事，這是容易且可以無限度地做，故漸注意到這層了。現今的新聞紙不問東西洋，大都採用此法。在日本的新聞上，新事報道的一種卽街頭的三面稀，成爲「繼續的東西」，再轉爲小說講說，更轉爲大衆文藝，這是明顯的變遷的敍述。因此投報道材料與投小說講談是有同樣的稿費，由此可知道作惹人的新聞的理由了。現在如小說講談一回的稿費，低的三十元，高的是到了五六十元，若每月算起來，也許駕凌一社的幹部所受的薪俸吧。

隨便拿取一張現在的新紙聞一看，立刻知道的卽不論那個新聞紙面決不專埋於事實的報道。以發表意見爲職的言論，當然仍是和往昔一樣存着，可是此外有既不是意見又不是報道，和又是意見又是報道的東西，充滿於紙面。再如對於時事的短評，讀者的訴聲，科學記事，學校記事，宗教記事，文藝記事，戲劇電影記事，關於衞生醫療的問答，關於地理的指南，法律手續的指導，更像近來在美國行的不動產記事，自動車記事等，集了同種的記事，收集在一欄裏，此外更聚集雜多的記事於雜報中，這些都是與從前不同的。在嚴格的意味上不能說是 News，但一看就知是含着這些的記事。因此有罵新聞紙漸次雜誌化了的。現在的新聞涉及了這樣廣汎的範圍去蒐搜記事的材料，互爭題材的新，互爭記述的奇，是而各社均拚命的努力去選擇他社所不能學的地方。

如上面說的那種涉及社會各方面，那種既不是報道又不是言論的一切記事，除了如講談之外大部分是 News 的一種，所以其總稱仍呼爲 News，在這兒的 News 與限於「新事實的報道」的狹義的是迥異的。假現在通用的「新聞價值」(News Value) 的一句說，是定有否載在新聞紙上的價值的標準，未必是定其是否新事實的報道。這裏的 News 不是新事實報道的意思，是有更廣的意味。「News 者往昔是解爲近來發生某物的新鮮的報道，可是近來漸漸地到了雜誌的領域裏了，苟是有興味的無論什麼事多認爲 News 的一。(注) Given 這樣的說，是完全道破了其間的蘊意了。

第二節 News 的定義

在這一節裏要說明右面所說的廣義的第二義的 News 是什麼，但是像狹義似的說明是不可能的，要多費些言詞，玆先列舉從來人所下的各種的定義來看

(注) John L. Given: Making a NewsPaper.

一下：

【一】「不論什麼設有興趣的就是新聞。(Anythingthat interest Is news。Harsi 和 Bleyer 都這樣說。(Interest 的意義後面再說)。這不免失之廣泛摸不着頭緒，可是足以表示 News 的一詞的解釋是如何的廣大。

【二】「背乎十戒的都是 News， 其中背了第五第六二項的， 是最好的 News」。有這樣冗談似的說着的人，這是嬉戲的解釋，但確是澈透了一切的意味。十戒是人所共知的卽 Moses 在西那山上由神傳給他的十條訓誡， 大體是說些人極應該守的尋常的道德律，然而尋常的事件不是新聞的種子，背了這種尋常的教訓而做的事，那就成爲 News 了。第五條是「汝勿殺人」； 第六條是「汝勿姦淫」。

【三】 ichard Harding Davis 是戰時通信員及戲曲家，是一個名人。有二次他問自己 News 的意義是什麼的時候，他說不能下 Charles Dane 所說的定義以上的解說(注) Sane 的定義是「狗咬了人的時候不是 News，人咬了狗的時候才爲 News」。這是有名的話。可是狗咬了人的時候，未必能限定這不是新聞，若是狂犬病流行的時候，或是名人被狗咬了的時候，於新聞記事是有寫大號標題的必要，所以有人將這話改一下說：「狗咬了人的時候是 News，可是人咬了狗的時候是更好的 News」。綜說一句卽異常的事是 News 的材料，於這一點上是與前節說的是異曲同工的冗談。

【四】Charles dane 的定義裏說「我解說 News 是一切突然的事，一切於人間有興趣的事和有充分的重要性去引惹且奪取一般公衆或相當範圍內一部分的注意」。By news I mean everything that occurs, everything which is of

（注）Harrington and Frankenberg: Essentials in Journalism.

human interst, aud Which is of sufficient imPor-tance to arrest aub absorb The attenfo ı of the Public or any Considerable Part of it)（注）依了這種意義，前半「一切突發的事」是含有狹義的News後半「公衆」云云　爲是廣義的Nsws Yott說這前半的是自己的News，(News perse)。後半爲(Newsin the Journa istic Sense)新聞紙意味的新聞。Yost更解释右面的定義的後半說：今天若各人遇着了一定互相交換News的。如說些「誰呀，怎樣了，怎會有這種事呀」等就是的。這種報道除記者自身及已知了的人的小範圍以外幾乎是沒有興味的事，但對於他們也許視爲是重要的，然於別人是無重要性的，而News是無限的東西，且有一般的興味，即不能到公衆或公衆的大部分去，但於瞬間也，總須捉住日奪得在足相當考慮的範圍內的一部分人的不注意。

（注）Charles Dana: The art of NewsPa per Making.

【五】Yost 又稍稍有加一行小註於此說：「設此事件或事物其本身是舊的，若是用報道方法做新後，也是News。(Whatsvenris new in the way of information is news even though the event or the matter to which it refers be old in itself)。這樣的論斷着。(注) Yost 的意思就是 News 不一定是要新事件或新事實的。如當南北戰爭時南軍的總帥李將軍降伏的事，是一八九六年的事，但住在阿克撒斯山的深奧裏與世相離的世人，到三十年後才接到此報，則雖是過了三十年的舊新聞，但他們接了是新聞了。再如極地探險隊的消息，在現在是因無線電而能即日速報於文明地，但於往昔要在極地過了一冬，到明年的春天才早傳到文明地來，那末在從第一報到這時候之間，世界是還沒有知道，有一種過了很久的事實，但是新的報告故仍爲 News 。擴大去想一想，

(注) Casper Yost: The principle of Journalism.

則報道的作法若把這事做得新似的，而能引人的興趣的，則不論什麽事都是News。前面所說的尋常事件，雖說不足爲新聞，但對於這些尋常的事用了異常的方法一做，那末仍是News。就是所謂「尋常事的異常化」。如在春天四月裏櫻花開了，這是尋常的事，可是於年年歲歲的花節，以「花」做成很好的News來熱鬧新聞紙，若說到花的歷史，則說到古時的事，但這花的歷史卽成新聞記事。News不一定是限於新事實的新報道的一點，由此可瞭解了。

【六】Chicago Daily News的編輯長Henry Justin Smith，一九二六年於Illinois婦人俱樂部聯合會席上的演說，對於News下了十個定義，但其大部分是比喻的及道德的，但由論理的說起來不能稱爲定義，今舉其內比較的沒有缺點的二條。

「News是發表少數人所知的事，是爲多數不知道這些事的人的利益起見的」。(News is a revelation of things which a few People know about made for the benefit of millions who would not otherwise know about those things.)

「News 是善惡的記錄，但與這二種的任何種都無關係的難爲 News」。(News is a record of the good and the bad, but hardly ever of the indifferent)。這二條也沒有特別的啓發，其他如「News 是爲療人類的飢餓的食物」。「News 是社會試驗所的望遠鏡及顯微鏡」。等而已。這些並不是誇大的引證。

【七】一九二七年 New school for Social Research 懸賞募集 News 的定義時，Missouri 州立大學新聞科主任 willams，及 Editor and Publicer 主筆 Marlen E. Pew。和「Baltimore Sun」記者 Gerald w. Johnson 三氏，審查的結果，由十七個定義中選定左邊的四個：

得一等賞者：「News 由新聞紙去分配供給識字者的消費，所以每天很新鮮地送到市場去，且是一種有腐敗性的商品，News 於智力，及情操的，與趣的各方面，用文字來表現出世界，國，州，及都市所發生的事件，這些事件是社會的，經濟的，政治的，科學的，或是個人的，但須有足引起 數世人注意的重要的才可， 其愼重的調製， 成分的品質，目的的純否，卽爲反映製造者名譽上的信與不信， 這些都與其他商品一樣的。以僞品代眞實；事實的變造，News 製造方法的不精，這都是誤用公衆的信用而予一般人心的康健與威脅」。(Mike wallach) 這定義是說公共服務的理想及蒐集新聞者的廉直，關於這幾點是勝與其他卡競爭者。Wallaim 博士這樣批評着。但這不過於倫理上則有多少價值罷了，以定義說則徒然長些內容也 太空疎了。

得二賞的。「News 得到了時機，就向公衆說那有特色的有意義 而足使人與趣的事故，這些是精確且公平的故事」。Louise H. Fox 這是比第一的能得要領多了。

選爲第三等者：「News若是隨着都市新聞紙的用例，那末就是關於新聞紙的讀者有興趣的，新的，重要的，珍奇的，和劇似的事件，或現象，及固確其預想與公開的報道」。E. W. Shimmons。這定義是不限於事件且含有應發生的事件，和像要發生的事件的報道，這一點是特異的。

選爲第四等的：「News是指導，喜悅，通知，刺激公衆大部分和可驚駭的事故的表示。(inform, entertain, shock or thrill)」Mrs. Helen B. Leavens.

【八】Kansas記者協會的倫理法典，是一九一〇年willis E. Miller所起草的，這法典被稱爲最古的法典，其中說：「News是不傷有智德人的道德的感受性，而是心，人，物的活動的公平的報告」。(注) News is the inpartial

(注) William N. Otto: Journa ism for High School.

rePort of the activities of mind, men and matter which do not offend the moral sensibilities of themore enli ghtened People)」。「道德的感受性」云云，是需求新聞倫理的基礎，同時對於新聞紙徒媚世人的尙好，只顧努力於得人歡心的今日，與新聞紙沒有指導的精神　，已諷示於言外了。其他的定義都像已經說過那樣的，幾乎一致用 Interest 一語，於此超然的單獨用「公平的報告」是足珍奇的，也可看做是 Nsws 的理想。

【九】「News 是以第一流的新聞記者所寫的且公佈的裏面，找尋滿足似的事件的報告」。

News is snch an account of such events as a first-rate NewsPaPerman, acting as such, fiuds satiafaction in writing and pudlishing)(注)這是Baltimore

(注) Gerald w. Johnson: what is News.

Sun 的記者 Gerald white Johnson 下的定義。但是被人駁說，這是太無意味的定義。而本人題着：「什麼是 News」。在專門說明 News 的專門書裏，滔滔數百言，開首就說算第一流的記者是怎樣一種態度，是做那一種材料的。更說：「找尋滿足於第一流的記者裏」。則對於事件需要十分的智識，需要不以□等不純的動機去寫東西，這些事件需要有夠一流記者寫的重要性。這個定義的歸結，從最初的議論的順序看也未必一無足取之點的，惟於結論的定義一點看，若說其是 News 的說明，則不過是說明 News 的處分吧了。總之有以結果而說明本質的傾向，這是和「謀殺是該處死刑的犯罪的一種」一樣的。受無意味的攻擊不是無理的事。

【十】wisconsin 大學新聞科教授 Willard Grosvenor Bleyer 在一九一一年三月十八日發行的週刊雜誌 Colliers Weekly 裏，引用全國著名的新聞記者下的十種定義，其共同點有三個：（一）非予讀者 Interest 不可：（二）有interest的一切事物均包含於 News 內：（三）其價值由感着興趣（interest）的人數及所與這些人的興趣的範圍而決定。綜合起來他自己又下一個定義：

「News是予多數人以興趣，得有時機則什麼多說的，予最大多數人與最大的興趣是最上的 News」。（News is anyting Timly that interests a numo rof People, and the best news is that which has the greatest interest for the greatest number）（註）這個定義也是很不完全的，但說 News 以 Interest 爲本位，是再沒有這樣明顯了。

以上啜啜地舉的諸定義，都是要說明廣義的 News 的。試說這種定義的人，已經有幾百了，但還沒有滿足的定義，如右面所舉的也都是說明一面或二

（註）W. G. Bleyer: Newspaper Writing and Editing.

面，決不是說透了News的。這是有理由的，如前面已經說了的，即News因時代而由狹义到廣義，但廣義也因時代而漸漸前進。昨天認定爲News的，未必能預期是今天的News，不僅如此，News因地域而變其意義，如在美國的News的意味，不能說就是中國與日本的News。若News的欲求是人間本性的呼聲，那末是由國，地域，周圍，不同的人心所欲求的News了，所以不能一致是當然的事。

還有，就是因下定義者的立場不同，也各異其解釋，如由法律的取締與保護上來定新聞紙的範圍，則日本的新聞紙法第一條的規定足以當新聞紙的說明了。但從午辦理新聞紙職務的立場上看那末這個定義完全是什麼付于也沒有。所以有這樣哭着的：「合了生物學的皮味，不合靴舖的皮味」，這是當然的事。

(注) G.W. Johnsonwbrat is news.

尤其是因在定義中常有添加了些倫理的色彩，故更混雜了。倫理的色彩是必須加於 News 選擇上的貴重的色彩，但這是事務上的商榷，須該歸新聞製造者的留心，不該加在 News 本然的意義內的。

Interest 的語義

由各種立場的解釋都是不同的，但是通觀以上所舉的諸說，News 是非給與興趣不可的，這點是大抵一致的，這裏的問題就是「什麼是 Interest」。

在日本語有種種的譯法，譯英語的 Interest，單單譯了興味是沒有興的，這是隨便怎樣日本語不能表明的，因含有種種的語義，如「感到利害」，「引興」，「心向着這一方」，「關係」，「注意」，「影響」，「有趣」，「關心」，「同情」，等等。無論怎樣譯不盡的。看了含有這些意義，似乎懂得了一個頭緒。只單純地說是有趣是不適當的。現在再深究些，再動那較廣的心。

這 Interest 爲什麼會起於讀者的心中的問題，Milwaukee Journal 記者 Spenser 博士說：因 News 而「正確的事實及思想，可 Interest 多數的讀者」。「珍奇的，反常的，意外的，最近發生的，是增加 Interest 是對的，但是這不一定是不可缺的條件。欲得時機的事，也不是強有力的必要。這樣地說着。更進一層說到什麼是 Interest.

「含有新問題，新形勢的事件，促起相當多數的讀者心的思慮的 News，就是有 Interest 的。供獻新問題於大多數人的記事，是最有 interest。從心理學上說　人於非考慮不可的時間以外，是不思慮的，然考慮的事，沒有過分的強力的，而有足使注意的強力而使考慮的事，是人所喜悅的。人對於起初接觸的問題，好好去考慮的，在必要的時候，更進一層去好好地考慮，但是這種問題發現了二回三回的時候，不必格外去考慮也自然地會解決了。學開汽車的遇到非好好去思慮不可的新問題，如怎樣去動舵機，怎樣去駕制動機，怎樣去調節速力，怎樣前進，怎樣後退等等問題，一絲的不留神也沒有地集中他的注意力，可是學會了以後，那末自覺的，不費什麼考慮去駕駛，而駕駛時，又可考慮到買賣及遊玩等等的餘事。讀新聞紙的心也同一樣的。供獻有新形勢的新問題，是於讀者有 interest 的，單於新的期間被讀者所讀。看慣聽慣的舊問題，是不能引起 interest 的，對於這樣的問題，是一不考慮地放過。故以刺戟讀者的思慮的事爲 News，是可使喜悅的新聞」。(注)

這個解釋比較的明瞭地說明所謂什麼是 Interest。依這個解釋，則應時的，奇珍的，不平凡的，人家不知道的事，是包含於 News 中，這是當然的歸結。Interest。的解釋，到此大概明白了吧。然而那個是有 Interest。那個是沒

(注) M. Lyle Spencer, Ph. D.: News Writing.

有 Interest 的。怎樣發生 Interest 等等，現在還沒有詳細的說明。在新聞價值裏對於 interest 有多少的評價，可是對於根源的說明，還沒有聽着誰嘗試過。這事歸於後面新聞價值的一章內，但今先說一下。

第四節 News 的類別

區別 News 的種類，我相信不但對於辦新聞紙方面是必要的要知道 News 是什麼一方也有多少的便宜的。

（一） 硬派軟派

分 News 爲硬派軟派，是沒有論理基礎的古的類別，在今日是不用了。但是這樣地分爲二種是便利些。在現在就是，政治，外交，財政，經濟，教育，宗教的硬的。與火燒盜賊，私奔，情死，自殺，殺傷，等的街頭的雜事，和文學，演藝，科學，無線電，等軟的。將這二種合起來，沒有一個總稱的名字可加，但常想要有這樣一個名詞。前年我被美國的某大學，(注)叫演講的時候，這樣的分日本的 News，即一個譯作 Heavey，一個是 Light，聽的學生非常奇異。有說這二個是便利的名詞，這二者之區別，已屢述於前，所以今無再加說明之必要。

(二) 露出事實與心理事實

露出事實 Bare Facts，即「赤裸裸的事實」，一個稱爲困難的有形事實 Physical Facts，與無形事實 Psychological facts 對立着。露出事實，即現於外面的，誰的眼都能看見，誰的耳多能聽到的事，包含火燒，大水，噴火等。無形事實則反之，是不顯於外面的，要提着牠，是需要特殊的手段與努力，如

(注) Pulitzer's School of Journalism, Columia Uni., New York, city.

內閣更迭前的政治家的策動，及到戰爭時列國的形勢，再小些有取犯殺人犯的人的心的經緯等等。新聞紙還沒有到進步的時代，一切的記事都只是前者的露出事實，到後來才漸次地伸到人心的機微，描出眼所不見的人生的曲折，這是於前已經說了。

（三）　突發與豫定

何月何日要起怎樣的風波，而可以及早豫期的事件。例如帝國議會開始議爭，學校的畢業證書授與式，紅十字會大會，開國際勞働會議，大總統就任式等等。突然地發生的事件，如噴火，地震，飛行機的墜落等等。有這二種的News。對於這二種的News，新聞社的用意自然是不同的，關於豫定事件的準備比較的是容易，至於突發事件，平時沒有精密的準備，就有意外的失覺。但留心的新聞社，平時用像無用似的不時的用故意這種突發事件的頭緒，就從官廳，通信社，地方通信員，外國通信員，及各部的外勤記者等處，來了很多很多。其他也有從該新聞的讀者那裏得來的，也有從與新聞紙沒有關係及因緣的人，因好意而告訴的，若該新聞社於平日，不被認為是盡職於平日，則讀者與一般世間是沒有給予這種便宜的。在歐美有叫 Free Lance 的，是不屬於任何新聞社的記者，以自己蒐集來的材料，給予新聞社，這種人有供給意外的突發事件的頭緒的事，在日本這種 Free Lanee 是沒有的。在美國於大街見了受傷的人，醫生自己走到新聞社去，若是好材料時，就給與相當的謝金，這種在日本的大新聞社也實行了。

（四）定期性——不定期性

於某一定時間發生的事，與不是於這樣一定時間發生的事，分為這二種。定時發生的事件，大抵是同樣的反覆一下，所以欲成為新聞記事需要記者的手臉。例如擬兵式和大演習，是每年舉行的，而又大抵年年相同，所以單照着順序，次第，而寫，是成年年同樣的記事了。因其沒有趣味，而沒有看的人，這就是沒有前面Spencer說的「Interets」。這樣說那末全然不能寫了。但當這時候對於這種事件每次於取材及作法都非出新機抽不可的。最顯著的例子，爲大角力與議會。角力記事單報告勝負，及力士的賽技方法，是沒有興味的，或是加入插畫成加評語，做了種種的方法，但也不過是單純吧了。隨便用幾多不同的方法，還是一見知底的。最後那家新聞社都沒有辦法，讀者的興味也漸次消失，於是極盛一時的角力記事，各社漸漸的冷淡起來了，恐怕不久定期舉行的野球與足球的記事，也要遭與此同樣的運命吧。現下美國將野球的記事，儘量地充塞了紙面的大部分，對這事頗有不滿之聲。至於日本帝國議會的記事，與角力與野球不同，至少是議關於國民全體利害休戚的國政的重要會議，所以這類記事是不會假然衰落的；可是往昔「日本」新聞紙的議事錄是有被愛讀的興味，但現在是不能引起了，因此議事記事怎樣做才能繫牽讀者興味，這是各社競着欲出新機方法的地方。這二三年間議會記事怎樣地變化呢，若稍稍注意一下，誰都能明瞭的。從前不論於本會議於委員會，都是追求那整個的議事錄，刻銘地報告着自開會至散會。這種作法，一變爲由整個的到以各個重要議案爲主題，報告議事到了這樣地步，就是一個例子。至於不定期發生的突發事件，是易予讀者與興味的。

（五）、錄　推測　豫想

記錄Annal是以某事件現實地呈露後再記錄牠，爲新聞紙的任務。保守的英國的新聞紙，現在還繼行着。無論怎樣的新聞紙在發生的當初，一切的新聞皆是過去的記錄。由此才變爲加了記者們理判斷後的推測記事。這是與新面說的由赤裸裸的事實受到無形事實一樣的。同時 News 是意見和事實互相交錯起來，這是最明晰地表現出來的踪跡。更進一步，成爲豫想記事，預想記事分爲二種：一種是對於還沒有現實地呈現的事，預報這事要起的順序。別一種是根基了預知的順序，寫了宛如已經發生似的。二者都是對預定事件而做的，屬於前者的預報，單是預報，故沒有危險的。然後者，到以後漸漸與事實接近的時候，有發現與預想非常相異之虞，故這是最危險的事。但於現在爭一時一刻的速報主義時代，設一點不寫地束手待到事件的全經過的終了，是不可能的。故於公布預寫的記事，是要十分的認識至事實過去以後與那事實對照有否錯誤，這是要最賢明且正當的處置。有信用的新聞紙，對於這些點上加了人所不知的注意。如美國的通信社，比方說何月何日誰於某處演說，那演說草稿很早已得到了，並已分配於各新聞社，可是演說沒有到時，是決不發表的，後來到了演說過了時，就發一電報於已經分配過的各新聞社：「公佈無誤」。這方法叫做 release。若是這樣，那末比起用長文的電報拍送演說的全文是省了很多的費用了。

（六）孤立事件和繼續事件

孤立事件於有限的時期中一次就過了的記事，如名士葬儀的光景，及關於殺人事件，裁判的確定等。卽單這一點已是個完全的 News 了。繼續事件是繼續到幾天，乃至幾年，事實還繼續發展的事件。今舉西門子修開德的在戰前，贈賂事件（注）。

一九二四一月二十二日修開德公司的舊職員里德爾竊取公司的重要文件逃到柏林，於那裏變了裁判判決，從柏林的電報到了日本時，事件又展開了，卽知道

（注）這是德國買賣軍器的公司

日本海軍部內的大官受賄的事，又拘留許多的「名士」，及衆議員的質問，海軍查問員的任命，內閣彈劾案，開國民大會，最後於三月二十四到了內閣的總辭職，但事件仍不知道似的發展着，這樣的一氣不息的堪尋味的大事件，是稀罕的，繼續事件。因有利用着一種惰性而引讀者一次的注意繼續下去的便利，所以巧妙的編輯長卽於獨立事件也不忽視其中的繼續分子，牽引着線頭似的繼續下去。如殺人事件的裁判確定以後，這事件已告結束。但是更引續犯人受刑時的光景，犯人家族的動靜，被害者遺族的感情等，均可供爲新聞記事的材料，由此可以找出許多材料。利用注意的惰性是應注意的一點。

(七) 目擊與傳聞

目擊 News，與傳聞 News，其信任的程度是差得很大的。新聞記者由目擊而得的材料，於突發事件幾乎是不可能目覩。大概是事後的傳聞。於預定事件同樣是人類的眼去看同樣的事，而熟練的外勤記者與初出茅廬的記者所注意的地方是不同的，故於做好了的記事裏的好壞之差是很顯着的。在日本設於什麼儀式與集會禁止公衆傍聽，而拒絕新聞記者的列席時，事務員且對新聞記者說不能列席，記事材料以後由詳細組的人告訴你們，或是給幾張印刷品。這是對新聞記者的大侮辱，新聞記者是只蒐集誰都能知道的顯露事實「爲重」的，這是往昔的觀念了。目覩物而決定其是否新聞的材料，這在老練記者的特殊眼光中一看就知道的。「組」的人是不明白的，這樣一種顧客所招來的材料，大概是出席的人數，重要人物的人名，幾點開會，幾點閉會，秩序，這些極乾燥無味貧弱的東西吧了。爲要得這樣的東西是無須故意派新聞記者去的必要。在美國當有大會集會時，這些職員中有一個公佈委員 Publicity Committe，大的公司常設着這種職員。又有受各方的委任而以此職業爲任務的，稱爲公佈代理者

Publicity Agent，這些事總是由新聞事業有經驗的人或通曉新聞界的人當的，是一種供給應為新聞紙材料的專門事業，所以與右舉的職員的說明不同，隨便怎樣總得苦心去寫成新聞似的記事，雖是這樣，但這種公佈業者所送的材料，新聞社都不歡迎的。近來且聽見征伐公佈運動之聲。其理由一個是，這種材料總是廣告宣傳用似的。另一個是對無論那個社都送同樣的文字，故當然難於成為一社獨有的。更有一個重大的原因，卽不是新聞社的特派記者所目擊，及由優秀的判斷所得來的材料。其注重記者的「目擊」到了這種的程度。

但不幸目擊材料是限於預定事件，故其範圍比較的狹小。新聞紙的News大部是由傳聞而來的。

第六章　新聞價值（News Value）與其由來

News 未必是一定限於新的事實，前面已經說過了，News 的要素是須予讀者與 Interest，前面也已經說過了，而英語的 Interest 是什麽意義，前面也說過了。

看了這些說明立刻顯浮在人的思索裏的，即 Interest 不是任那種 News 都是平等均一的給予的，因有多少的分別。即因材料，作法，編輯法，而有予讀者 Interest 多少之別，爲評其價值之多少，故不久即使用新聞價值 News value 一語，新聞價值就是判斷採錄於新聞紙的 News 的價值的多少的標準，即這記事與讀者 Interest 的多寡，亦即 Spencer 博士所說的「依刺戟的程度如何」

第一節　新聞價值的基礎

「新聞價值」一語，是常被人使用的，但是其價值的基礎如何，這問題到現在還沒很澈透的人。今試述新聞價值評價的基礎，須先從論理的新聞紙的特質說起爲便利。近代的新聞紙形式上的四個特質，已列舉前章，但其中印好一張大幅的紙的一點，在一切的宣傳品，招貼，Host，也都這樣的，不一定是只只存在於新聞紙內的特質，活版印刷的一點，在今日一切的出版物也幾乎全是用活字印刷的，定名的事，不論書籍雜誌也都定的，定期刊行的事那末雜誌或預約出版的圖書也都這樣的，這些都不能說是新聞紙的特質，若說是新聞紙的特質，一定須單存於新聞紙裏的，而不存於其他任那種裏面的，但是有這种地方嗎？

有。是叫什麼呢？第一，是急速的定期刊物；其次是急速的遞送。急速是從比較程度上來的問題，說甲比乙快，乙比丙快，是可以的，絕對的何者急速，何者不急速的標準是沒有的，但是新聞紙的日刊比起週刊及任何出刊物是爲急速的定期刊行，新聞紙印刷完了同時就發送，這是比任何出版物都是急速的遞送，忽略了這二點根本的特質，那末新聞紙的任何事亦不足論了，這是我自信的。卽煩惱的 News 的定義若說到這二事的考　中，那不是也格外易於講解嗎。

原來世中的萬事萬物，發現其特質後，就善於利用，而這是比什麼都自然，且有意義的方法，因這個方法，一切的進步和發達都才能期望。如煤，木炭，有燃燒性，故供爲燃料，肉類蔬菜富於滋養分，所以用作食物等事就是的。因蒸汽有澎漲性，故瓦特利用之爲動力，因非常高速有上昇性，故拉意德兄弟想出飛行機，生來力強的就做力士，如教授幇助勞働的器具與工人，也就是這個意味，而新聞紙也由於用這二個特質，而新聞紙的自然發達的路開了。

一　急速的定期刊行

人通常於一天吃三次飯但若吃三次飯，則於這回的吃到次回吃的時間內，能消化或不能消化總也要攝取新食慾應起的分量與性質的程度爲止，於朝食喫的東西，到了晝食時，還沒有消化，所以對於晝食的食慾也不起了，這是決不能說朝食是好的。新聞紙於每天均刊行的，今天的新聞紙一定要是一種使於今日中消化完，不停滯到明天似的東西，要是週刊，那末裝着使能於一週間內消化的東西，至於日刊的新聞紙須矢在弦上似的急速地供給於一天中不能消化就要腐敗了似的東西，這是當然的任務。用這樣的方法，那末是賢明的日刊的利用。Sir. George Newness 發行 Tit bits 雜誌時，最困難的事就是這雜誌是週刊，但要包藏於一週間後壞了的一月間也能讀的東西的一點，(注)就是說所載的記事是有不新不舊性質的記事，這不是週刊的意義，若是週刊而不是於一週間後就不足讀的東西，而每週發行是沒有功效的。若是讀者方面讀了舊的不論何時總感着趣味，那末全然沒有每週而新要求之必要，同樣的，新聞紙若爲日刊而不載每天相當的記事，而專載些多久以後讀了也沒有差異的記事，這是不合於日刊的意義。設於這天內沒有讀，其記事就腐了，延到明天則其意識即從世中遲了一天，做這樣的記事，才最能引起讀者的 Interest，因此 News 是早有了，但新聞紙不能揭登的，日刊的新聞紙才可以，於此以日日的報道爲任的 News 才發生。

(注) Kennedy Jones: Fleet Street and Downing Street.

日刊的紙上，是每天的 News，這是最有效地表出日刊的意義。再擴充去想一下，那末在一日中重印好幾回版的新聞紙，若每版不是讀了就腐，那末只可以賣一版，餘剩的版是賣不了的，結局版是不能成立的。反而言之，天天的 News 只依日刊而報告。週刊報告的，常蒐集時也許是 News，但到了發行的時候已經不是 News 了，所謂腐敗了的就是。這些狹義的 News 就是新事實的報道，說這是比任何都有新聞價值的理由卽在於此。

再進一步，則急速的定期刊行，是反覆刻板的規定，同樣的手續，每天於一定的時間，排佈同樣形式的新聞紙。「規則的反覆」是有反覆的威力的，有些地方「長繼續的反覆的力量」比一時的強力還要強，設從街頭的談論聽到了有人被殺，在不相干的人這是不能起特別的感動的，但是在小說或講讀中，每日與不相干的讀者親近的人被殺了，不論善人惡人，總是予讀者與大的感動，就是無味的事，設反覆後也成爲重大，無關係的事，於反覆中也漸漸地接近了。於定時定處反覆的新聞紙的記事，給與讀者的銘感是深而且大的。諷諭可使服從，暗示可使確信。因此今朝說一點，明朝說一點，天天一點點地吹入某種的思想，比起在一本書裏說一遍要易於搖動讀者。載意見於新聞紙上，即利用這一點。認意見有新聞價值是從這反覆方來的。

規則的反覆，可養成讀者讀書的習性。新聞紙的記事是被調節得能於一天內消費了的，所以讀者依此可促進食慾，其分量只從着估每天短的時間可讀完的，所以在讀者方面，任何苦痛也沒有，於不覺中讀完了。可於讀者任意的時候看的，但人是懶惰的東西，故總想着讀，而於不讀似的中間讀了的事是不少的。每朝送到自己家裏，於朝餐的前後看，或是晚上回家的時候在途中的電車裏看，大概在空的時間，定的地方看，因習慣的力量，幾乎於自己也不覺間讀完，故一册書都不讀的人，若是新聞紙也輕快地看着，就是因這緣故。利用這個習性的，就是小說，講談與其他連載的記事。

世中有許多人罵新聞紙登載古舊的講談之類，是違背新聞紙的使命，這是以爲新聞紙單登狹義的 News 的，這當然是舊的思想，他方面是基礎了不知道講談小說是利用從新聞紙反覆力裏發生的讀者的讀書習性的錯誤。歡喜讀在新聞紙上登的成書及不要讀的講談的人是很多的，這是最好的證據。不單是於日本的講談是這樣卽有名的狄福的名著「魯濱孫飄流記」，也是於成書以後更分載於新聞紙上。在美國曾一時盛行爲信心薄弱的人着想，故每天一點點地分載聖書於新聞紙上。卽現在在美國稱爲出版後的連載物，Post Publicstion serial 卽再細分已經成爲單行本的書，分載於新聞及雜誌上，像八犬傳及西遊記等，當講談each分，載於新聞紙上，在現在更何足奇。

要之，急速的定期刊行卽爲日刊的利用，這是新聞價值的基礎。隨着日刊而生規則的反覆，隨着規則的反覆，而利用讀書的習性，這就是新聞價值的基礎。最巧妙地最有意義地去利用牠，那末不問記事的材料，材料的處理，編輯的調節，總是新聞價值最多的東西，而這些也是最增加讀者 Interest 的。

新聞價值就是日刊的利用，日刊是給於一天內能消化的食物，所以使讀者適當地感覺腹空，於腹空的時候想吃的心，這就不外所謂是讀者對於新聞紙的 Interest. 了。

二　急速的遞送

與普通的書籍不同的，新聞紙是印刷後就送到世間去，急速地分配到廣大的範圍裏。若不是一下就分配到廣大的範圍去，那末新聞紙就沒有意味了，因此任何新聞紙都努力着務必急速地務必廣大一般地送出，這一點也是獨存於新聞紙中的特色。

急速地分配於多數人的特色，是因能急速地使多數人看才生的，能急速地使多數人看，是因急速地供給多數人愛看的事物才生的。人要急速地愛看的事物不容說是最近的事故，又是有關係的事，或是合於時機的記事了。大衆所愛讀的，是關於大家知道的事情的記述。大衆所知道的事情數，是無限量的。但其中最多數人所知道的題目，就是關於 Human life 的東西，換言之，說明 Human Life 的最近的事故，是最急速地最多數的人愛看的東西，這也是最多新聞價值。

人爲什麽愛讀說明自己知道的事件，人愛讀這些是想要現實地說，這是一件世人不能推翻的事實。假定這裏發生了電車衝突的事件，因之有幾個死傷者，這事登載於這天的日刊，或翌朝的新聞時，誰是最有興味去看這記事呢，就是在衝突地方目擊的人，也許有人因自身既已目擊，故什麼都知道了，現在無容再看新聞上所寫的，但事實決不是這樣的。設在火燒的地方，住在近處的人們，最愛讀這火燒的記事。再如人被殺了的時候，在行兇的街內的人們，是抱了最濃的興味去讀這記事。這是誰都能想到是一件不可推翻嚴然的事實。

人們看新聞的時候欲知道自己已經知道的事，比與自己全然無關係的事更切急地欲知道，讀者看了已有知識經驗的報道，——即「由新聞紙再製後擴充後及淨化後」(二)的比第一次從新聞紙上求得的歡喜，和在鏡裏照自己的顏臉的時候，感着自己是第三者化了的一種興味一樣。New York World 的營業主任 C. Seitz 會對從事於地方新聞者說：「關于報道該地的人們平生接觸而不知

(一) W. G. Bleyer: NewsPaPer Writing and Diting.

(二) Don C. Seitz: Training for the NewsPaPer Trade.

道的事件，應特加注意」(二)這就是爲該地關於本地的事，是抱着特殊的Interest 去精讀的，若有錯誤立即注目而奇異。在日本的愛讀講談，但現於講談上的事實，都已聽人講過，書也曾讀過，什麼都已知道了，這確是這個理由。事情的內容知道了，但即聽了幾次也可引起新的興味的，若是全然沒有看過的不知道的故事，而沒有這樣的興味，現在理想的大衆小說的新方面，不能引起讀者從前那種對話體的講談般的注意，也是因此，這是決不足奇異的事。

將這議論通俗地說，就是關於人自己所爲的，能引起最大的興味，這就是對於人間生活 Human Life，含有最多的興味。在一本小說裏說：(三)我不欲描寫光輝日沒的景色，因單是顏色，不是實質」。Pro. Bleyer 說：「新聞價值的多寡，是決定於直接地影響讀者的 life 的範圍，影響讀者的範圍越廣則越是好

(三) William Drysdale: The Young RePorter.

的 News」(一)Manchester Guardian 的主筆 Scott 說：「新聞紙的第二義務是在於反映 Life, Life，是涉及凡百的方面，如藝術，文藝，科學，商業，社交，娛樂，宗教，及其他在於能多充分就多充分，能多公明就多公明地去反映」(二)這些都是出於同樣的意義，任怎樣精細地描寫山水的景色，總不是好的記事，任怎樣科學的去說明惑星的動作，若於人間的日常生活，絲毫不觸，是不能成爲優良的新聞記事。前年阿姆遜達到南極的時候，於出現了有人類以來，是開始達到南極者這一點熱鬧了新聞紙，而那探險的結果，探查得的南極的科學調查報告，從未登於新聞紙。英由太英最近的大發現也曾到過日本誰都知道的，英由太英發明一點是興味的記事，但是肝臂發明的內容是難解的，與人的關係

(一) W. G. Bleyer: NewsPaPer Writing and Editing.

(二) William H. Mills: The Manchester Guardian.

是遠的，不是通俗化的，所以不能爲格外好的新聞記事。設單寫着新發見什麼血精，這是任怎樣巧妙地說明也不能引起興味，可是因這血精而患瀕死重症的某某忽全快了的記事，看後覺興趣多了，要之，一切的新聞記事，一定要人聞臭，前面說的軟派記事，到了比硬派記事重視的事，也就是因爲多人聞臭。

有的說，爲新聞價值的一條要件，是「得時」Timeliness（注）於亦源於此，「得時」不一定是新事件的意味，新是好的這是沒有錯誤的，但見現在的 News 的意味，是不限於新事實的報道，若廣義地的解釋，News 於新事實之外，還有別的，但是那些若不得時還是引不起興味。就以看櫻花風俗的變遷說，大部分是些古事，可是當觀櫻花的季節，登於新聞紙上就得時而引起興味。再說議會解散的歷史，單用歷史來說，即順次地寫些由從前下來的事，但是當議會

（注）Grant M, Hyde: NewsPaPer Editing.

解散時，說這些歷史，就成優良的記事。得時是與時的問題有接觸的，至少要繫着些關係的事。像那一看幾乎完全與時的問題有關係似的科學記事，歷史地理的記事，因其是否應時，而生極異的價值。新聞紙要得到這時機的要件，是利用急速地遞送到廣大的範圍去的條件，因爲急速是那時最近的事故。

現在再加一個新聞價值的條件，即「時候與地方的短近的事」(Proximity)。這是從前面屢舉的同樣的意味裏來的。時候與地方短近的事，即發生的地方愈近，時間愈短，比發生於遠的有價值。像 Pro Hyde 說的(注)因人類是深感着種族的地方的利害，所以發生於自身周圍的事，和與自身有些關係的事，感到Interest」。每朝於打開新聞紙時，任誰第一注目的，都是關係自己的事件，或關係自己的事業，或職務。設自己的近處火燒，即使不過燒了只一個小燈罩，

(注) Grant M. Hyde: NewsP-aper Editing.

也感到趣味而讀的，在四國九州的火燒，卽使很大的，也不注目的。

要之新聞紙具有急速地廣大地遞送的特色。能爲急速廣大的讀物的，則有新聞價值。需要極廣的急速和最能涉及愈廣的範圍，則新聞價值越多。若說有了News才有新聞，不知說有了新聞紙才有News，同樣的，要說有了急速的廣大的要求才有廣大的新聞紙，不如說有急速的廣大的新聞紙後才有急速的廣大的讀品的要求。

曾有很多的人稍微具體地列舉出新聞價值條件，這些人互相一致的諸點：(一)依讀者數的多少卽多數人感得什麽利害似的記事比卽少數人也不看的爲有價值。(二)得其時。(三)近距離。這三種前面已經說過了。(四)Interest的一致，卽一部分人感着深的興味比只使一般人感到淺的興味好。(五)異常事件，卽異於日常普通的事，不問其狀態與動作，因其能引人之興故有價值。(六)

刺戟爭優越的人心，即人類誰多欲爭優越的地位，所以商業上的競爭，運動競技，勞働競爭，勞働爭執，政治上的敵對行爲等，以爭勝負爲主眼的記事，爲有新聞價值。(七)與人間的關係，即與活着的人間的關係越深，則價值越多。(八)關於幼兒動物的事。(九)關於的嗜好，及得意的事。即各種的運動，演藝，娛樂，照相，指南，蒐集癖，漁獵之類。(十)此外爲如死傷多的事件，關係有名人的事件，絕無稀有的事件，非常可笑的與非常可哀的事等等，都是有價值的事件。卽使一件一件列舉了，終究還是不過反覆的說那Interest廣多的是適合於新聞記事的一句話。讀者多喜歡看的是有價值這是沒有錯的，但價值，就是interest多，因interst多，所以多喜歡看的讀者，要說這是說明，不如說是同樣的事，用相異的話重說一遍吧了。我似乎沒有什麼再說明的地方了吧。

第二節　新聞價値的減殺與消滅

新聞紙的特長是不斷的刊行與廣訊的遞送以外，新聞紙的記事一定要接觸大衆的眼睛，感動深的人心。是則鑑於記事與人類世界影響的重大，務須有不毒人不害世似的心手，於可能的範圍內，非抱利人益世的心去選擇材料，調節記事不可。這事是從新聞紙的性質生的當然責務的結果。新聞紙倫理上責任的基礎卽生於是。若不是這樣，而增加或種不純分子於新聞價値豐富的材料裏則減殺或消滅其價値，這是顯而易見的道理。今試數其不純分子，大體有三個大的。

（一）廣告的意義

記事有廣告宣傳的意味是沒有價値的。熱心於廣告的人，自普通的廣告，常不足引人注目，要一個像美偉的 News 般的，故努力於實質是帶有為自己的商品或事業做廣告的事，在近來看見得很多的。如前面已說的公告代理者是一顯例。有新聞經驗的人而業此，則能巧然地將有新聞價值的材料雜入記事，可以平氣地拿到新聞社去，一點也看不出是廣告的。例如一個女伶的高貴的寶石軸子被盜，想來這是一件有趣的盜案，但那裏知道其中實有為女伶自家廣告之處。老練的新聞記者一目就看破了，且一無猶疑的，但初進的記者往被蒙瞥，這不但是拿到文書裏面，即於聽親切的談論，及取親熱的忠告的形式的傳言裏，也常有是廣告的圈套的事。也沒有妄談虛言的缺處。不單是商品及營利的事業裏如此，尤其是以學者，醫生，法律家，廣告其名，文士畫家伶人廣告其作品，宗教家廣告其事業，教育家廣告其學校，軍人廣告其戰功，政治家廣告其政績，在舉世趨於廣告宣傳的今日，對於最少也含有些宣傳意味的

News，非打一點折扣去判斷其價值不可。

（二）私事

無論誰都有不能公表於世間的自己的事這不是善惡的問題，只是自己的事，難公於世間。愈有這種難公表的事，在第三者的地位的讀者，愈歡喜看。在歐美的新聞歡迎離婚記事，在日本的新聞，上流家庭的私房話，是屢感興味的，這些都是這個意思。但是公開揭這種不能公表的私事於紙面上，是反乎正義人道的不德行爲，這是不問其是否關於善惡的材料。惡的事要不說，善的事也要客氣些的。Private（自己的）是含有不能公開的意味。從前（一九〇八年）朝日新聞社舉行第一回世界一週會，五十餘人的團體到敦倫的時候，「Daily Mail」的社長Nothcliffe卿爲這五十餘人的團體而開盛大的歡迎園遊會於基特福特的別墅內，當日特地用臨時火車從敦倫迎送。Mail社的幹部及其夫人令嬡幾百人執陪賓之勞，有很多餘興與美饌，其盛狀足以埋一二段新聞記事的好材料，但主人的命令說，這是 Private 之會，故當日他社的記者一人也不招待，因是Private事故次日的「Mail」米勒紙上一行的記事也不登載，這是一個私人自己開催的，所以無須煩公表的機關，關於這一點，英國的私事嚴禁主義是極端的，但日本的私事公開的不客氣也太過於極端了。在日本「我的祕密」Privacy是沒有的，所以不能寬適的居住，故外國人的嘆息累入於耳。設出去照一張相，買一點東西，一定被揭於新聞紙上，到飲茶店去要被寫出，去玩也被寫，卽與老婆說的笑話也被寫爲新聞的種子。人家私室裏的動作，也似公開席上的演說似的報道。恐怕日本人自己因私事的暴露而被累的，不知凡幾哩。

（三） 違反良善的風俗

卑猥的事，殘忍的事，頗予與不快之感的事，其他一切違反良善風俗的事，是不能給與 News 的價值。近來日本關於卑猥的事是很愼筆了，但殘忍的事，關於不快的事，是還沒有注意到。報告慘死的光景，是頗使讀者不忍的事。可厭的事，汚的事，惡的事，於引讀者的興味的一點上是不能說沒有新聞價値，但事體是有程度的。若因寫得很簡略就會沒有什麼特別的感覺而讀過，故而更入微穿細，更誇張，這也是徒起讀者不快之感，這些是決無價値可言。

爲什麼以上的三種爲減殺及消滅新聞價値，這事仍是由新聞紙的二個特質來的。因急速的定期刊行才生的規則正的反覆力，而給與不當的信據力於這種記事裏，和急速的配遞帶有的宣傳的勢力，可給與不當的傳播力，致誤讀者公明的判斷，不覺地予大損害與當事者及一般公衆。

第七章　近代新聞社之組織

由以往那種編輯販賣都由一個人一手做的時代看，那末現在新聞社的組織是極複雜了。製造及販賣新聞紙的根本的任務也非常的細分，且隨着新聞紙的發達，致那些可稱爲補助機關或傍系機關也一天一天地增加，而各部屬的任務也不是照一向所規定的，有的是同名異實，也有名實均改的，新聞社一切組織大概是人所知道了的，但因這書的任務，故加一下說明。

第一節　編輯與印刷

先說到直系的事的，第一總是算新聞紙是製造，任此工作的分編輯局與印刷局，編輯的事務，一蒐集材料，二將已蒐集的材料作成原稿，三，取捨選擇既成的原稿聚送紙面，這是事務內容的區別。服役於此的人的部屬，未必一定是分爲這三種，有時一人兼其二，即兼三樣也不能限定是沒有的。編輯局所辦理的材料，分爲意見和報道二種，前者是關係論說的記者管轄的，其上有主筆。後者是編輯長或其他的記者担任的。英國現在還是這樣的施行着，但美國日本現在重視論說這事漸次消失，所以主筆者幾乎消跡，而編輯局的支配全歸編輯局長，即美國 Managing Editor。現在是主筆時代去了編輯局長時代來的時代，所以做論說有很多家是由編輯局長與其他幹部記者爲論說委員而成了一種兼務，這種組織的好壞尙有考慮的餘地，這種怕是過渡時期的現象吧。

關於編輯局所理的事務，分爲政治部，經濟部，外報部，社會部，學藝部，通信部，（地方部，）運動部等，各置部長，蒐集關該部的材料而作成原稿，但均係部長過目再次採否，既定爲採用的，則送到整理部。有一時曾稱整理部爲編輯部，但編輯部與編輯局的區別紛亂，故又改稱整理部，這部的職務如其名所示，卽任整理調節由各部送來的原稿，酌量紙幅，決定原稿之採否，或增刪修正原稿，依記事之種類決定採用何號活字，組成多大的版型，應載於何面等後，送到印刷局去，印刷局用活字印好 Galley，覆送到編輯局，現在輪到校正部，校正其誤字，誤排後，復送到印刷局，如訂正後的 Galley 稱爲紅字 acaz，許是因劃了紅墨水而稱此名吧。但在日本校正部是屬於編輯局，在歐美大抵屬於印刷局。從校正的本義說也許就是校正，但在日本現在校正部不止做機械似的訂正誤字誤排，且爲防止不注意的字句，或涉及不敬或抵觸刑事問題而招的不測之禍，所以擴張校正部的權限，使其當了這種監督的任務，因此校正部之屬於編輯局，想是當然的。

回過來說，政治部是關於各官省（即各部），政黨政派，府縣議會等。經濟部與經濟有關係的各官省，公司，銀行，交易所，產業組合等起至金融，匯兌，貿易，運送，保險，倉庫，鑛業，工業，電氣，瓦斯等。外報部則外交問題，國際關係，外國通信等。社會部自街頭的一般事故起，到宮廷，警察，裁判，氣候，娛樂等，學藝部，則科學，文藝，美術，演藝，電影，衛生等。通信部則各地方的一般事故。運動部則諸種競技等。各蒐集關於自部的材料做成原稿，整理部則整理之，而製成新聞紙，即整理部以外的各部，當蒐集材料和製造原稿之任，校正則介於印刷局編輯局之間，當原稿的檢閱，和印刷的校正之任。

此外於東京以外的地方有姊妹新聞的社（Sister newspaper），例如朝日新聞，時事新聞，日日新聞等。欲使事務與通信聯絡的圓滑起見，故置有當聯絡的一部，也有的設中國部，攝影部，繪畫部，調查部，記事審查部的。如攝影部，繪畫部，調查部等，不但供編輯局之用，且涉及社內全體的職務，但為便利上的關係，大抵不論那一社，均置其於編輯局內。

組織方面是因新聞社而不一定的，故不能一概的說。但是右面所舉的各部裏，也有將屬於某部的紙面，施行自治獨立的編輯的，例如經濟部，學藝部，占領其所担任紙面的一部分。如社會部，於已長時間地獨佔完全專用的紙面上，也施行獨立編輯。是故紙面上往有缺乏統一之處，故漸次由前述之整理部一手整理各部的原稿，稱為「編合編輯」的卽此。

社評是非論

這又是似走入橫路般了，但是於這節的最初說，論說漸次不被重視了，在現在的新聞紙界幾乎是不可抹殺的事實，故對此思加一言。

對此問題贊成的也有，反對的也有。依社評輕視論者的話，即一般新聞社的社評，是代表一社的議論，其重視的所以也在於此。這是單當個人經營時代及政黨政派機關時代，則規定一社的主義方針，所謂一社的意見也可以發表，可是現在的新聞紙的存在，是從主義方針到了營業本位的時代，是沒有發揮一社結晶的議論的事了。故不是社的評，而是主任記者一人的評說。記者發表個人的意見，不爲世間重視，但一社全體的意見是嚴重的，故借了該新聞社由幾十年的歷史，幾千人的力量而形成的後援。如 Sunday Review 攻擊泰晤士『所謂「我們」者卽「我」，托福於「我們」的泰晤士的議論，是 J.hn Smith 與 William Jhons 個人，但不論有寫的材料沒有，不過總是每星期寫三次的意見吧了』（注）這事也是出於同樣的意義，照這樣是決不能說是公明正大的。

（注 J.D.Symon: The Press and Its Story.

反之，謳歌於社評者的話：任怎樣新聞紙之到了營業時代，是生命。但是以營業爲本位的大商店也各有可榮誇自店的特色，新聞紙也是因創立者，經營者從事者之如何，自然也有一社的個性，這種個性的發現，就是社評。實際上單爲一人執筆也未可知，但其議論的根據是以社的歷史與方針而定的。泰晤士的社評幾乎全是稱爲社評記者（Leader writer）的記者執筆的，但是這種不過是機械似的寫吧了，其所表現的意見是主筆掌握着的，而主筆所掌握着的，又是依泰晤士百五十年間蓄積來的材料及泰晤士五十年間養成的方針而凝結的。決不是主筆個人任意的意見，社評之重視的所以卽在於此。

有這樣的贊否二派，但是無論怎以除了英國的一二家新聞外，新聞紙的社評沒有往昔那樣重視是事實。Scott James 說：『社評的威信去了，而代以特殊記名記事。（Special Signed Article）（注）這個理由第一因新聞紙的任務以早速爲宗旨，故對於 News 沒有緩緩的下慎思考慮上的判斷的餘裕。第二，讀社評的人趨於消滅。近來不論何處讀社評的人是少了。新聞紙若供給意見似的 News 材料，那末各自可以隨便加意見。要讀者的自尊性強大，只要新聞紙寫得易知有趣些，就得了。就是看不見凝肩似的難奧的道理，讀者也可以多的。更有一點，News 的印刷在那裏凝考種種的新傾向，而努力於引惹讀者的注意。現在因着社評的作法，印刷的方術都是百年如一日般的，任那一國都沒有變化，那末自然與讀者的注意遠離了。這三個理由，就是社評的愛讀者漸消的所以。

　　這樣是不成的，所以近來美國大半改變社說的做法。英國則在社評面(Leader Page)爲讀者的喜悅故加種種的特殊署名記事，使讀者不忘。關於這

(注) R.S.Scott James: the influence of tha press.

一點，日本的新聞紙故意廢去祉說的振假名，（即如我國之注音字母，漢字不識的人，讀假名即知其意了。）爲沒有振假名，這做法實是使要遠去的讀者更遠了。這是難解的地方。

投稿的八難

寫過了關於意見的文後，順着想說關於投稿的旁道上去。投稿是從社外寄到新聞社的原稿，歐美的新聞是非常歡迎這些的。例如泰晤士認此爲泰晤士的特色。但日本的新聞紙是常常不歡迎這些的。因不歡迎所以不能蒐集投稿。紙面的狹小當然也是原因之一，但其他主要原因，在於投稿者的自身。第一是多不必要的投稿，或是傷人或自己作廣告，乃至帶着無意義的個人的小不平。捉着爲世間一般起見的題目是很少的。第二，智者不寫，在歐美的大政治家，大學者，都瀟洒地作新聞的投稿，在日本抱有這是愛管閒事的心地，故稍有些身分的人是不妄動的。但是這些人做文章的事，也是很少。第三多匿名。新聞社未必是一定以筆者的本名揚於紙上的，對於新聞社之告知本名，是爲禮儀，及示誠意的緣故，若是像在警察廳方面，則不知怎樣的。新聞紙是以不採用一切匿名的投稿爲原則的。第四，多只是空想的理論。理論在社內雖也有的，但社外的投稿設不是 News，但也希望有什麼報告的事，因一切的新聞記事，內非有 Information 是不可的。第五，多抄襲別人的。自已捉不到新的題目，而累抄襲別人的，所以集了許多同一題目的投稿，致題目缺乏變化。第六，長而不注意。最大的事件的新聞記事才長的。但是無關緊要的事就不成了。近來各社予投稿與一定的地位，行數限於五六十行，即爲此故。第七，不成爲文的不少。雖然內容好了，文是第二。但文太拙陋了，讀起來易於不敢領教，所以內容的怎樣是不知不覺地葬去了。

沒有新聞紙的一般人們，欲伸訴何事而沒有伸訴地方的時候，則依新聞紙而伸訴，誠然是必然的要求，在新聞社方面，若爲足以促世人的考慮的事，極力採用，以使其志成，這樣則於新聞社方面一般公衆方面均有利益，所以投稿的興盛，是誰都願望的，但是有投稿者須除此七難的先決問題。

二 印刷

編輯局將原稿編好，新聞製作的手續移於印刷局。

在印刷局最先經拾字，（日本稱文選）的手，將活字一個個拾好後，送到排字方面，將這些活字成爲手版 Galley ，在日本用幾千的漢字，所以不能利用這種便利。活字非一個個的拾不可，有一時曾使用日本式的 Monotype 代替拾字，像打打字機的 Rey（鍵盤）似的，活字順次地鑄造出來成爲版。但這器械有不完善之點，故現在幾乎都不用了，怕這機械是要被完成的。若此則省略拾字的手續或是像 Linotype 似的排成一行一行，這是最近將來的事。

印好的手版成後，到校正部去校正。那件登於何面，或何者在前，何者在後，將這些指定何面，及揭載的順序，悉歸整理部規定。於是組合這些手版成爲一個大的組版，這組版校正終後，拓紙型（Matrix），紙型分爲乾濕二種，在日本殆均用濕性紙型，紙型是重疊幾種原薄紙，中間注入石膏與漿糊，此內含有水分，但其製法祕傳，各社各依其獨特的製法。至於用乾性紙型，則在歐美紙型上的祕密一點也沒有的。將這紙型放於右述的組版上，從上面壓下，則活字侵入濕的紙型上，而成凹版，於這有凹版的紙型上，再注流鉛的溶液，則成鉛版，將這鉛版放於印刷機器上，就可印刷。到這一步所做的手續，是經過拾字，排字，紙型，鑄造，印刷，這五種順序，所以印刷局員的任務分爲這五種。但此外還有活字鑄造部，攝影製版部等補助機關存在着。

以上的手續經過編輯局印刷局二方面的手，於是新聞紙做成，此後移到販賣部的手裏了。

第二節　販賣與廣告

已製成的新聞紙的處理的屬營業局的管轄，主以販賣部任之。任那個新聞社組織，總分編輯與營業二局，更於營業局中因便利計設有販賣部，（發行部）廣告部，庶務部，經理部等，但爲新聞社的直系事業，是販賣部，即營業局。廣告部爲廣告局而獨立。如庶務經理等立於編輯營業二局之外。依這點看來，相信新聞社的組織將到一個大改革的時代了吧。販賣部拿到新聞紙以後，一部分發送於各地方及國外，一部分送於市內。因此分地方遞送，地方及外國郵送，市內配送，稽核，出納，販路擴張等諸課。

占營業局要之一部分的爲廣告部，廣告是新聞紙的源泉，新聞紙的收入除新聞販賣收入，廣告費收入以外是沒有了。在日本這二種收入殆相匹敵，其中以販賣收入方面大約多些。但歐美大抵廣告收入比販賣收入多。每種新聞紙的賣價，總是在製作成本以下。即一分成本，賣八厘，一分五釐的賣一分，這是現在一般的狀態。費手續的，分量多的內品而僅是二分至五分錢的買賣，這無非是賣比原價低的價錢而已。能夠販賣在這樣原價以下，是由廣告費的收入。如美國太注重廣告收入，所以因有力的廣告主而左右其記事。但是廣告費是根基販賣數而算出的，所以販賣部數愈多，廣告費愈高。要收高的廣告費，總須販賣數多，因此設因有力的廣告主左右其記事，則經了一個長時期，該社的信用消失，販賣部數減少，即不能得目指的廣告費。故是在美國有名的新聞紙，也皆努力不受那些廣告王的牽制。

回過來說，在美國有因對於一次買了許多同一日的新聞紙，感着奇疑而拒絕的新聞社。(注)有的社設有一次買二十份以上的時候，一定要通知營業局長，不調查其買入的理由是不賣的，置有這樣的內規。這些是因爲買載有關於個己有利是記事的新聞紙，去代廣告，那末新聞社似拿了錢了，所以登這樣的記事。爲恐受這種嫌疑故如此。新聞社這樣地細心去努力注意於擁護記事的信用。

還有關於廣告和販賣的關係於第四節詳述之。

第三節　補助與服務

新聞事業的發達，及新聞紙的製造販賣，這些直系事業以外的各種補助機關之發生，都在前面說過了。例如攝影部，調查部，記事審查部，航空部，

(注) Nelson A. Crawford: The Ethics of Journalism.

出版部等即是。這些不容說是有助於編輯與營業，亦補助社內各部的事業。攝影部的事已如前述，但調查部則當新聞雜誌的剪切，分類，圖書的整理，出版物的選擇及編輯等。記事審查部，對於新聞記事關係者的正誤辯駁的請求時，精查其究竟是否正誤，誤則改正，不誤則拒絕之。一是期望沒在因記事的錯誤而感蒙煩累。二是努力防止誤認非誤，及非不合的記事，而強要正誤者。調查部於明治四十四年六月（一九一一），記事審查部於大正十一年十月（一九二二）由「東京朝日」，始創。在日本是算先驅了。調查部當創立時，於社內幾乎視為無用的廢物，但在現在成為不可缺的一部，各社大抵均備置此部。航空部當原稿的輸運，新聞紙的輸送以外，或攝影及搬運，或於派報社員時用之，又因社外一般公衆起見，而當定期或臨時的輸運之任，又於販賣宣傳的展覽會時也用之。出版部任圖書出版的副業，而其名之所示。

新聞紙的任務是單純的報道呢？還是指導呢？這是很久的問題。但於超越報道與指導的「服務」是新聞紙的任務的今日，世界各國的新聞紙互相競爭着，不論在紙面上紙面外都努力謀世間一般的便利，單如右舉的補助的各部也都含有服務的意味。不一定只是為一社內的利益而存在的。記事審查部不容說是抱有為一般世間的雪冤，除其辜累的服務的意義。調查部辦社內各部的事務是當然的，但同時應答世間一般的質問，與照會。有時因某種人們而執仲介之勞。出版部不是只為營利而置設的。為普通出版業的不顧收支不相償的專門的著述，及義事的著作而出版之。或是因普通出版業者常定高價，故供給此較低廉的出版品，謀一般的利益等，這些都是要行服務的責任。於美國的新聞社為讀者及一般，衆起見，特地開放服務部，不要錢地担任各種的質疑，應答，調查，介紹，轉達。此做其他種種的照顧。如 Chicago Tribune 的服務部 Public Service ffice 就是一個實例（注）日本的新聞社內也有試辦這種小規模的服務的設施。

第四節　販賣限制之聲

販賣部的任務不容說是極力去多賣份數，因此或派勸誘員，或奉送白看，或加贈品，或行彩籤等，極力要得新的讀者，同時努力於老讀者的不他去，能有這樣確實的顧客，是新聞社的財產。一個講讀者被估爲三圓至五圓的價值。占新聞紙財產主要部份的廣告部，也是唯一望着發行數的增加，因發行數愈多廣告效果愈著，隨之廣告費率高，要登廣告者也易招集。

要新聞紙發行數多，若不要錢。去散發則什麼也無需了。不取錢的新聞紙，大抵是很不堪的新聞紙，要完成新聞紙的使命，無論如何非要被買而堪看

（注）Norman J. Radder: NewsPapea in Community service,

不可。因此任何新聞社，都視現實購買部數的增加，比單發行的部數的增加重要多了。販賣部努力於斯，而廣告部歡迎之，這是當然的事。

那末販賣擴張是新聞社當然的任務，於沒有一個懷疑的今日，於一部份不圖於此的隊裏高唱與販賣擴張對角線的販賣限制之聲，這是新聞界的新聲，有介紹的必要。

爲什麼一部分人唱販賣限制，這是有三種關係。第一，用紙的關係。用紙的原料，是木材，這種木材不是無盡藏的，總有一個時候世界中這種原料要沒有的，要像當歐戰時新聞用紙告缺之的時期到來的。爲備這種時期的到來所以從現在起應限制販賣，而實行用紙的節約，這是一種辯說。

新聞紙誠然是要製成向着多數人的東西，對於這個條件有二種的製造法，一是像要多數看一樣的去蒐集於多數人有共通興味的材料編輯。這樣的新聞紙，卽頁數少些，也可以的。法國的新聞是這樣的。但現在的製造法是像要多數看一樣的去蒐集種種雜多的材料，其中何種是適合於那一部分的人的編輯法。所以美國的新聞紙，求涉及社會各種事物的材料，因此紙面卽至幾十頁幾百頁也是不介意的。用了這個方法用紙的消費量，漸漸增額，幾不知其止境。鑑於用紙供給的將來，這是自己早促死期的到來。如森林的再造林，舊新聞的再製，誠然是備用紙原料缺乏的名案，但同時新聞社自己也要覺悟而行販賣的限制以防他日之困窮於未然，理由誠是正當。但依此意義全國新聞紙，的步調一致協定販賣限制，像這樣的事怕不能實際地實行吧。

另一個販賣限制論是由廣告的關係而生的，能否収廣告的效果，主以新聞紙販賣部數的多寡而定，已如前述，但這單是初步的大體論。現在再深些研究，廣告的效果未必常單依販賣部數的多寡的。例如販賣不多的上流家庭所有的新聞紙，然販賣部數較少。但是比只被購買力缺之的貧苦人看的新聞紙的廣告效果多。現在深深地一想，小賣商品廣告，尤其是百貨店廣告多的美國的新聞紙，被在家中持有最大小賣商品的購買力主婦愛看的新聞紙的廣告，比只由家主及糊塗者，看的新聞紙上的廣告的效驗多了。日本似的，圖書出版的廣告很大很多的新聞紙，是最多想購買圖書的人們看的，而廣告的效果也最易顯著。

販賣部數的多是好的，那是沒有錯的，但單是數是不成的，讀者的本質是最有重大的關係。「質」的販賣部數，非比過「量」的販賣部數不可，這是才發現的事。從質上看，知道廣告效果的顯示不是這樣的，故對購讀者應限制販賣。

關於販賣限制由說明美國新聞紙的地方賣是最易了解。新聞紙的販賣者以其發行地爲中心，卽分爲市內賣，近郊賣，地方賣，外國賣，似美國似的小賣商品廣告多的新聞紙，是於可稱爲小賣販賣區域的市內及郊外的販賣率高的為最有廣告的利益。地方賣也有遠近之差，如遠離的地方，及外國等，販賣部數，任怎樣多，可是廣告效驗幾乎沒有（雖也有由郵政預約但極少的）。那末從廣告請求者的立場來說，在到這樣遠處的新聞紙上去登廣告，這是和完全無用的白化廣告費一樣，由此也須限制這樣遠方的販賣，而注主力於市內及近郊，豈不是上策嗎。這不是登廣告者單方的利益，即新聞社方面也豈不節約了印刷用紙了嗎。

無論如何，還是有其理由的。今設一新聞紙，在市內賣十萬，近郊十萬，地方及外國十萬，根據這總計三十萬份，而算定廣告費，但其中那地方及外國的十萬，是沒有廣告的效果的，所以廣告主對這十萬部是白化了無用的廣告費，而新聞紙方面也費了十萬部的紙費。（注）

（注）W. R. Scott: Scientific Circulation Managment.

但這個理由，是過於重視廣告了，新聞紙若是拿了廣告費後，就算完成了新聞紙的使命，那末這樣也是好的。可是新聞紙不是單在廣告上打算，不論廣告之效果如何，新聞紙總希望購讀到那能多廣，就多廣的範圍，賣到海外的事，是與新聞紙的威信有重大的關係的。這裏有件應考慮的事即發行地附近的讀者與新聞社的關係，比遠方的讀者親近，發送時無須費用，購讀之勸誘亦易，報費的收取也易，若近地方的讀者多，則新聞記事的反響知道得快，予編輯上的刺戟也銳，因這種關係故無論那個社對附近的讀者比遠隔的讀者爲重，以努力多得市內版的購讀者爲最要。Los angeles 發行的，攝影新聞 uaily ellustrationn ws ，前曾集中其販賣於同市的周圍半徑三十哩以內，抛棄距一百二百哩遠隔的讀者，這就根據這一點發生的，這是販賣限制的一個著例。

第三的販賣限制是從販賣收入上來的，元來現在的新聞紙以製造成本以下而販賣，這是違背經濟原則的，但是近來新聞紙紙面的增加，工銀的高騰，編輯諸費的增加等。投莫大的費用，漸次加以改良，讀者能看比從前優良得多的新聞紙，然賣價一些沒有提高，故仰廣告收入以補償製造的成本，而單取諸於廣告主，是不合情理的。因爲新聞紙是爲商品，故提高價格是當然的即因此而減些讀者，也是不足介意的，所以近來在美國盛行提高新聞紙價值的議論，這也許是不適合於販賣限制，但於不誠意減少發行數一點的，含有多少限制的意味。

前面說的 Los angeles 的 Daily Illustration News 呼賣一份由二分提至三分，遞送購讀由三十分到四十五分。Chicago 的 Daily News 和Detroit的News及 Times 一份都由二分提至三分，由 Baltimore和華盛頓日曜日的新聞由五分提至十分。Tribune Capital 紙一年的郵送購讀費由四$提至五$，但固有的四萬讀者沒有格外的減少。前所說的 Los angeles 的 Daily news 在高價時，十萬六千二百八十五份只減至十萬五千五百七十八份，其差不過僅七百七分而已。

這個提高價值問題而成爲於去年紐約開的美國新聞社協會 American Newspaper Pulisher,s Association. 大會的問題，一般的空氣顯示贊成提價的傾向，但競爭激烈的紐約，則認其理由，而未想到實行之域。Helard, Tribune, Times, 都是仍舊。World 曾於一九二五年一份由二分提至三分，但是前年復舊了。Evening 一次曾由提至五分，因不合適，故又減到三分。抬價的應當是公認的，惟不實行耳。新聞要好那末提高價值是當然的，因抬價而割去些購讀者，結果廣告者與新聞社都有利益。(注)Edition and Publisher, May 5, 1928 and Nov. 19, 1928

於擴張的旁邊，有這種限制論是值得注目的一種形勢。

第八章　通信事業與通信社

第一節　通信事業的性質

說到新聞紙的事，則不得不說到伴着牠的通信事業。通信事業是受新聞社的托付代新聞社任蒐集新聞紙的材料供給於新聞社的組織，新聞社自身對每事都用人去蒐集材料這是新聞社當然的職務，但因材料的種類而委任於專門的通信社則無須人手，且費用不多地辦了的事是不少的例，如前揭的「露出事實」所去調查都沒有格別的差異的，所以各社特地派人去調查與委托通信社是無格外的差異的。在現在新聞紙上，各新聞都相同的文章和相同的事實的報告的，大抵是從通信社來的，所謂「通信的記事」。

像在東京有十餘個通信社的地方，即單依「通信的記事」也可做出良好新聞紙的編輯的。只是該社的特色不能表現。因此，無論那個新聞見了通信社的通信而原本採用這只限於極小的小新聞的，稍用些信用的新聞社則根據了這通信更進一步去探查依了新得的材料再改作通信的全文或一部分後而登載之。若他日這些通信社漸得發達而精選材料，利用電報電話，迅速地供給正確的報道，那末實在有助於新聞社，但是遺憾得很，因在今日每輕視「通信的記事」，而新聞社各自不吝費用去做那蒐集小問題小事件的材料。如現於各官省的記者倶樂部這是久遠的問題而今仍不廢，這是明顯地說着這種事實。各官省的記者倶樂部是每一官省一個集出入於該官省的各社記者所組成，收集各省內（各部內）的News，但其材料大部是各社共通的，即各社不置人員而能一任通信社的事是多的。所困難者卽委托通信社時常大事件趕不上這樣急的號外的急需；設趕得上也有各社同時出號外的憂慮。再對於從官省的座次發表的，更潛入這發表的裏面去捉着那心理的事件，因此委托通信社是不能滿足的。總之要費用的記者俱樂部爲萬一之功用而不能廢去。

今後，關於何種材料仰供於通信社，何種材料應由新聞社各自的「特別記事」有定大體的方針的必要。在歐美的新聞界大體定有方針委托事務的一半與通信社，故通信社也自重牠的責任對新聞社則努力於不劣，正確，迅速。這是促通信社發達的所以，並且也就是節約新聞社勞力的所以。取「泰晤士」爲例，如「泰晤士」於巴黎柏林等海外要地設置通信局，派記者於該處任通信的事務　但這些特派記者對於重大事件送一種非意見非事實的通信爲特色，像片斷的小報道一切委托路透社。如洪水，暴風雨，難船等露出事實，路透社方面要快多了。泰晤士對這些事不爭報道的遲速，這就是 Daua 說的：現在稍從事於智方的任務。

這是歐美的新聞界的委通信社的　及本社自任的區別：

通信社的	新聞社自任的則反之
一　各社共通的	一　一社的單獨的
二　純客觀的	二　加了主觀的客觀
三　全國的	三　地方的
四　正面的	四　側面的
五　定期的	五　突發的
六　全體的	六　部分的
七　露出的	七　心理的

八　事實的　　八　　興味的報道

再具體地說則遠方的 News 是他的，近方的 News 是我的；共同的會見談是他的，單獨的會見談是我的；廣的是他的，深的是我的；演說聲明與其他的發表是他的；批評，解釋，影響的測斷是我的；行市　行情，統計是他的，而預想，觀察　強弱觀是我的；競技的經過及 Record Sqare 是他的，成績的批評是我的；像這樣地分擔着。日本的新聞界怕也是漸次地到這樣的地域了吧。且看其進行如何。

第二節　通信的方法

說到日本的通信社的通信方法是謄寫版的印刷物一天分送了好幾回，但這是極幼稚的方法，歐美的通信社是用更進步的方法。在美國的大都市用的通信方法是稱爲同報式印刷電報。這是可由通信社與有三社五社的一個都市的全體新聞社同時通信的電報機械，向備於新聞社的編輯室內的自動的高速度的受信機，通信則可時時刻刻有印出字來的準備，電報的符號是沒有的因能印出普通的文字，所以將原物可當原稿送到 Linotype 方面去。這電報機械稱爲印刷電報機（Printer）在日本的東京大阪的電報局於去年來也開始使用。使用歐文與假名文字（日本的注音字）二種，二處都有非常的好成績，若允許通信社與新聞社之間使用，則日本也能與歐美的通信社一樣了。困難者惟不能使用漢字（中國字）然假名日文字的通信不能將原物送到排字場的不便利。

在大部市的通信方法如右所說的，但對於地方的小都市在日本則依電話及一方朗讀一方速記的方法，這是從三十年前迄今未變。在美國則幾個小都市依一條電報回線，而接聯對於這些都市裏的新聞社，同時發送通信的組織要說其速度則如從大阪發送通信由一回線能於同時通信與神戶，岡山，廣島，馬關的全部新聞社。在日本如電通社聯合社，用專用線連絡各地的分所五六個分所可以一次的通知，但這仍是用電話的。在美國是以電報爲主。若用電報發信，則有與普通的打字機同樣構造的機械可以看着原稿而打，受信方面則可用前述之自動式印刷電報機自然地印出字來。送到地方去的通信不是全部用電報的。不急的材料用活版印刷而郵送也狠多的。此外有作紙型郵送各地或用飛機空送。

以上的通信方法，不祇美國，即英法亦然。唯蘇俄的通信社對全國新聞社用無線電放送 News 鑑於無線電報發達的可驚。或在日本，對全國新聞社也像放送 News 的時代欲到來了吧。若用與放送局的普通放送的波長不同的波長特爲新聞社而放送 News 那末想可尤其簡單些吧。在這種地方並不要放送人的肉聲，必要的是用電報放送，與放送局間互相有了仲繼線，所以放送局與通信社間以有線接聯之，全國各地的新聞社當有受信機能，受信放送電報就可以了。照相電送當然有線是能夠的。英國的馬爾可尼公司用皮姆式無線電報送高速度的照相電送。依此式則同時能送二張照片七英寸到九英寸這樣的大型照片可於七分間送發。若送文字照片，那末在右面的大型上用中文打字機可放一千七百個中國字，即一段以上的新聞記事，能於七分間送了。看起來是與速記的速度無大差別，但有無需翻譯的手續及錯誤的便利，若送二重則送了右面的二倍的分量了。

此外在美國頃近將完成的發明的 TeletyPesetter 這是用電報直接動地方各社的 Linotype 的組織。

不能自由地使用這些新發明機械的國家，通信社是不能發達的。新聞要免除二重三重的白費用也不可能的。

第三節　世界的通信社

同樣的通信社因其所做的材料，而也別爲二，卽戲劇運動，照相行市等都是一種專門供給的通信，有從事於從那裏到那裏的報道的新聞社，也有專通信地方的或都市的News的，再有專門從事於海外的News的通信社。在日本這種通信社也漸漸萌芽了，有逐次增加數目的傾向。這些是供給專門的News而不能追隨新聞社及一般的通信社的事未必全不能期待的。同時現在的一個總合的大通信社方面其內部的組織也分專門的部分，有次第進於局部的專門的傾向。

現在從事總合的一般通信中，若舉被認世界的代表的通信社，則英之路透美之聯合（A.P.），法之哈佛，蘇聯之拉斯，德之Wolff，意大利之Stefani，比利時的Belga，西班牙的Fabra等，此外小的如瑞典挪威，丹麥，等也有的。

日本的新聞聯合社也是一個。這些通信社互相作一種同盟有無相通，備不備也互相通融，協力一致，當國際通信的事。這些通信社從事於這樣的國際的報道，各社先有各自的領土或稱為「繩張」，例如路透社為英國及其殖民地與其他，聯合社為美國，夏威夷，菲列賓等。哈佛為法國及法領殖民地。各於其領土內設置支局或通信員，報道每日的事故於本社及分送到領土內的特約新聞社及同盟通信社。如現之路透倫敦本社一旦集了從通信員處打電來的報道即供給於倫敦及地方與殖民地的英國通信社，同時於倫敦的本社內有哈佛及其他同盟通信社的支局，他們於時時刻刻集來的路透電報內，以各自本國有興味的事件即刻打電到各自本社去。這種組織在紐約的聯合通信社也是同樣的，同社內有路透的支局由A.P.的手蒐集來的美國事故，由路透的支局員向倫敦本社報道。巴黎和墨斯科也是同樣的，在巴黎的哈佛本社內有路透的支局也有A.P.的支局。不但是這樣交換通信且約定互相不得侵入領分。卽絕對不供給美國的新聞紙由路透來的直接電報。而聯合通信社也不與路透繩張內的新聞社通信。取這種聯絡的通信社總計三十八社這通信聯合網之中聯合了全世界的六十餘國。

以下對世界的有名的通信社，加於多少的解說。

一　路透電報社 Reuter's Limited

在倫敦有本社的路透社是德人Toulins Reuter於一八五一年福蘭克王國時代來的有名的謝拜爾開始商業通信，現在純然是英國的一個組織了。路透社初創通信社於大陸，因大陸對新聞通信事業有政治的壓迫，故移本社於英京倫敦，初於倫敦時，以通信匯兌及公債行市爲主要任務，但通信其中關於行市影響的很多的政治的報道與銀行公司，更進一步卽供給這些與新聞社•這是外國人創的新事業要到英國新聞的內層似乎是非常吃力的。路透最苦心的卽此一點。但是很幸氣的對其機敏的報道一般社會似承認有路透的存在。尤其如發表一八五七拿破崙三世予與墺國大使的勅語，實驚倒一世，次年法奧二國因意大利問題而開戰時漸到路透的活躍之秋了。這次戰爭自奧國侵入意大利至法國保護意大利戰爭僅二月終結但路透依、報而做的軍事通信實是通信事業開始以來初始的。於這次的戰爭的報道，路透社的通信員從屬於奧軍，法軍，意軍，巧妙地利用電報線傳書鴿而活動。大陸是不容說了，卽英國的諸新聞紙也很迎歡路透的戰報。此後不久美國南北戰爭開始，其時橫斷於大西洋的海底電線一時不通，而又不能復舊工事所以英美間的通信除全部依郵政船外別無他法。其時路透社將在紐約集的報道密封於罐中而托郵政船及至近 Ireland 時，路透社派高速度小汽船去取領寄給路透的郵政物卽刻將此至附近海岸打電至陸地故屢博驚異的功名。更、普法戰爭時路透的設備也很大的，益博世間的信用了。

如一八七〇年九月一日的色當 Sedan 之戰不利及拿破崙三世終於降伏普魯士國王威廉第一世的事件的第一報，這是於色當由俾士麥口中洩漏於路透的從軍記者的。再如一八七八俄土戰爭終了，於聖斯忒法（San Stefano）簽訂俄土講和條約，未經二國全權簽字中而路透已發表了。路透的事業與英帝國主義的發同時逐漸地發展，英本國及殖民地的關係上也伸手到東亞方面來了。

創立者的路透一八九九死後由生在英國的受英國教育的他的兒子 Habert Reuter 於過去的四十年間爲路透的經理而當經營的實務但他因一九一五悲夫人之死而自殺。第三代的路透是有深趣味於文學音樂的青年，於祖父的業通信事業未覺興味幾乎不管。其時歐戰勃發，自己因志願而出征，不久得名譽的戰死。第二代的路透死後，同社由 Sir. Roderic Jones 氏經營，此人於戰爭中入英國政府的情報省，因其功而賜 Sir. 的稱號。現在還繼續是該社的社長。其他，路透於英國殖民地是不容說了，卽於世界的主要國內均設有支局，各有總支配人，如極東的總支配人於中國的上海，蒐集其管轄地的新聞，統轄轉電分佈的事。路透社是一種國際的通信社專當海外通信的事，國內的 News 均受同盟通信社的 ExPress Association 的供給（注）

二 The Press Association

這社是英國的地方新聞的股東的股份組織。若譯做「新聞協會」則不知是做什麼事的，但歐美的 Association 幾用與通信社同意義的。爲這社的股東的地方新聞社有一百三十餘社，有地方新聞的共有通信之觀。創立於一八一七年，適當英國的電報事業歸國有的一年。在國有以前，私立的電報公司有情報部 (Intelligence DePartment) 蒐集中央的 News 而供給於地方新聞，但電報事業

（注）Henry M. Collins: From Pigeon Post To Wireless.

移交政府之手後，政府對於右面的事感覺無味所以組織地方新聞的 Press Ass-ocition，英國內地的 News 不分中央及地方一切完全由該社蒐集，英國殖民地及諸外國的 News 受路透社的供給。該社於倫敦置有本社，於 Manchester, Leeds, Glasgow, Briston· Belfast, Birmingham, Dublin 等處設有支局，由此分發通信與附近的都市。該社的專有線約六千哩，每天用七萬五千言，多的日子，供給九萬言的通信與地方新聞，其送信用柯拉因修密脫式自動鑽孔機打鍵盤於 tip（針）即有孔，將 tip 放置送信機上即可高速度地送發。受信者的地方新聞用柯李脫式自動受信機取受。

這通信社於一九二五買收了路透社的股份的過半而握該社的實權。兩社的事務的聯絡上是非常必要的。

三　其他英國的通信社

在倫敦於右擧外尚有 The Exchange Telegraph Company 這是如其名所示，通信交易所的行市的創立於一八七二年，而今日也從事於一般的 News。但該社的特徵仍爲關於行市與運動的報道，國際的則與美之合同通信社及法的 Redio 通信社提攜。

在倫敦還有其他的通信社，其中以 The Central News, Limited 爲大些，其從事於內外一切的 News 其特徵是在於攝影通信。

四 L' Agence Havas 通信社（哈佛）

一八三五，巴黎的商人 Charles Havas 於巴黎之羅梭街，譯英，德，西，意，俄，等新聞紙起初分佈於新聞社及大使館，這是現在的哈佛通信社的前身，但當時法國的新聞紙對於外國事故不拂十分深的注意，所以反哈佛的計畫的預期而未成功，但一八四〇年以後，從巴黎與倫敦及 Brussels 間使用傳書鴿開始通信時才萌芽。倫敦與巴黎間傳書鴿需六小時但於海底線無線電線都沒有的，當時這種新的通信方法是引起社會的大注目。此後鐵路電報均普及了同時通信社的事業也大擴張了。一八五〇年他的兒子 Auguste Hazas 繼父的事業，其事業日見發展了。哈佛社得一躍大發展是一八五六年的事，當時法國地方新聞的廣告幾全部屬於「漂流」廣告社代辦的（Bullier 是在巴黎廣告代理社的元祖），其有名的地方新聞社總給比較的不廉的通信費，哈佛社是從事於海外通信及內地通信，後立了哈佛與漂流合併的計劃，與約二百個社提出由哈佛供給不要代價的通信而新聞社方面於第三面及第四面登載若干行無代價的廣告。此即用廣告給通信費的組織。幸此種方法新聞社歡迎的。哈佛與漂流合併，於羅馬 Madrid（西班牙的京城——註）Brussels（比利時的京城）設置支局，與英之路透德 Wolfs 結聯。其後於一八七三年 Loubert 襲 Auguste Havas 之後而大事事業的改革擴張，社也逐次到隆盛的路走去。於地方新聞間開始鉛版通，始於此時。該社於一八七九年由 Baron D' Erlanger 男爵收買，同年七月十七日成了八百五十法郎資本的股份公司其後次第增資現在擁有二千七百七十五萬法郎的大資本的大公司了。

在哈佛之外，在法國尚有 Agence Radio 及 L' Agence Fournier 等通信社。

五　T. A. S. S.

於革命前的俄國有個電報通信社，這是全國的最大的通信社其電報略號爲(通報者之意)是大家知道的，但一九一七年十一月蘇維埃政府的成立同時被閉鎖。現在存在於同國的爲蘇維埃聯邦電報通信社，原語 Telegrasnoe Agentstvo Sojuza Sovetskis Socialistik ResPublik。俄國有不是珍奇的長長的文字的，因取字的頭一個字，故稱為（Tass）拉斯。俄國現在是由幾個社會主義共和國的聯邦組織的於聯邦的共和國各有通信社如歐洲俄國的羅斯太 Rosta 即其一例，這些共和國的通信社均為國內的機關，代表蘇維埃聯邦全體對外的惟拉斯一個，拉斯的任務派遣通信員於海外諸國搜集世界的 News，再供給於國內諸通信社，該社的通信員日本也派有的。但國內的 News 關於蘇維埃聯邦全體的，仍是拉斯辦理的。再屬於聯邦的共和國的通信社互相交換 News 也須經過拉斯的手裏。當然的，從拉斯到其他各共和國的通信社全部是官辦的，而不許此外的通信社存在。目下該社的最高幹部在那裏支配事業的是叫 Jacob S. Doletzky.

六　德國的通信社

於德國的通信社中最大的是 Wolffs Telegraphisches Buro.。這是股份的組織，不一定是政府的機關但一般均認為與政府有密切的關係的。

更有一個在日本知道牠的名字的卽 Transocean Gesesl'schaft，近來不見看了，當戰爭中很多奈因（Naben）電報，現於日本的新聞上的卽此，這通信社與政府有特別的關係，以宣傳德國的 News 於海外諸國爲目的，不供給 News 與內的新聞的。通信是由奈因的無線電報放送到全世界。在日本的名古屋的無線電報局也容易收受的，但今日世界的一等國的新聞紙一般都不揭載這些宣傳用的 news 了，所以這通信社不論在歐洲美國日本都不看見了，僅於南美諸國及荷領印度等的若干新聞揭載吧了。

七 The Associatiom Press 聯合通信社

英之路透，法之哈佛是股份組織的營利通信社，但這社的組織是完全相異的，是會員組織而爲非營利的通信社。這 Associtiom Press 卽 A. P.。這社共同了美國的有力的新聞社，在會員組織之下互相的行蒐集，交換新聞記事故其費用由各新聞社適當地分擔其應分的。大的社一星期支七八百美金，而二三十美國不支的小的地方新聞也有的。在一條街上發生了什麼事故則在這街上的加盟新聞社有報告這事件於聯合通信社的義務，而聯合通信社也必傳達於加盟新聞社的，因加盟該社的新聞社約有一千個支局於全美國故可得同一的結果。因其是這樣經濟的通信的組織，所以加盟於此於新聞社有極大的利益的，但新欲加盟的事，須經董事會議協議再經希望加入者同地方的加盟新聞社的承諾因這種手續所以頗非易事。如 News York Sun 屢次申請加盟但總被 World 社主的先考 Pulizter 反對而不得加入。不得已，自已組織拉芬(Lafan)通信社以對抗之，右舉的 Pulizer 死後才承認其加盟這是有名的故事。新聞社重視加盟到這樣地步因此評價 Pulizter 死後的遺產當時評價委員的一個評說受了聯合通信社的通信的權利的價約值二百萬美金。但此權利不能賣買讓渡故無市價的。

聯合通信社的組織，遠當一八四八年。共同了紐約的六七家日刊新聞社利用從那時初發生的馬爾斯教授發明的電報機爲發源，此後有二三次稱爲「聯合通信社」，到了一八九二年十二月才創立。今日的「聯合通信社的前身」Irenoise的聯合通信社。與該社有關係的 Irenois. 的裁判的判决的結果，終至難於繼續事業故改於一八九八年依紐約的法律而組織，即今之聯合通信社。在 Irenoise 創造的時候，因各社切望而就任總經理的即 Melville E. Stone 氏，他在那時提出就職件條：

一　通信由加盟新聞社的共同合作而蒐集之，因此會員間互相交換，但加盟新聞應自覺各自的責任。

二　加盟新聞社對通信可自由地加以批評。

三　A·P. 是加盟新聞社的共有物，各加盟者須明瞭地自覺。

四　經營一切公開於事業執行上不得祕密。

五　其統制及經營應民主的。

這是A.P.的指導精神到現在當事者及加盟新聞社仍遵奉着的。聯合通信社的強調的理想即由移通信事業由寡頭政治到共和政體，即與在A.P.創立前的有非常勢力的私營的通信社戰，依新聞的共同經營而確立國民的通信社這是他的理想。這些私的經營的通信社到一八九七年四月八日一個個都被征服完了。聯合通信社於同日一舉有二三百的新聞社加入爲會員。這一天是A.P.的歷史上特筆大書的一天。此後會員漸次增加，現在已有約一千三百的會員的新聞社了。這社在法律上是「會員組織的組合」，(Membership Corporation)，在日本是沒有這種例子的組織（中國更夠不上資格了，現在——註）。會員大部份是代表合衆國的新聞社，但近年來南美諸國的新聞社也加入了。會員的新聞社各有一票的選舉權，而互選若干董事，由董事再互選會長。會長與董服勞於立法部，他如行政部有總經理，以下有副經理，電報部長，通信部長，及於各地有監督，嚴重地定了種種職制，是一個不能任少數野心家自由的組織。該社一年的經費預算約及一千萬美金。不祇於美國內地，卽海外諸國亦設有支局，便用着十萬哩的專用電線。

執勞三十餘年久的總經理 Stone 氏，因年老之故，於先時引退而爲顧問，本年二月十五日，以八十一歲高齡而永眠了。現在總經理爲 Kent Cooper 氏。

八　The United Press Association 合同通信社

這通信社於一九〇七年六月二十一日 E. W. Scripps 創立的，卽「合同通信社是由 (United Press 略稱爲 U. P.)，紐約的 (The Scripps-Mcrae News Association) 和 S. Francisco 的 The Scripps News Association 三個通信社

合併起來的。

合同通信社是股份組織的營利的通信社，於國內有專用線，海外有支局等機關，供給通信的新聞社數等，有不可侮的勢力，為聯合通信社的競爭者。為A.P.的會員的新聞社，也多併入於U.P.的通信裏所以該社的通信供給了一千以上的新聞社。與海外通信社有聯盟關係的如英之Exchange加拿大的British United Press和法國的Radio日本的電報通信社等。該社的社長Karl A. Bickel氏到日本來過幾次。」

這社的特色是股份的，大部份是屬於服務於該社的社員的，於世間職員為股東的　司　不少的。但不過是所有股份的總股份數的一小部分而已，如U.P.的大部分歸社員所有，這是不同的。

九　新聞聯合社（日本）

新聞聯合社，與美國的聯合通信社的組織一樣的，由「東京朝日」「東京日日」「時事」「中外商業」「國民」「報知」「大阪朝日」「大阪每日」等八社聯合起來的，創立於大正十五年（民國十五年）四月。此前，在日本從前由美國聯合通信社的特派員 John Russell Kennedy 氏於大正二年創立的國際通信社，也已經加入了國際通信聯盟中的，但新聞聯合社繼承此社及東方社的全部事業而當國際的通信。該社的特長：

【一】為新聞社而蒐集頒佈正確的 News 之外，別無其他的營業目的。

【二】社員的新聞社，不但單受聯合社的 News，且於一定的條件下負有供給同社所在地的 News 於聯合社的義務。

【三】其結果，聯合社從事於加盟新聞社間的 News 交換所的職務，於此做一個大的 News 接續所。

【四】用這個 News 接待所與外國的通信社的 News 接待所行 News 的國際交換。

其組織是全然與聯合通信社相同。

加盟的八個新聞社由八社各舉出一個理事組織理事會，從這理事會再選任一個專務理事，委彼與業務的執行，但本年五月起，更由全國加盟了五十餘個地方新聞社。因此聯合通信社漸成全國的新聞組合，同時理事數也增加。

現在的專務理事是國際通信社繼續下來的岩永裕谷氏。

十　日本電報通信社

日本電報通信社也是數爲世界的通信社之一是沒有格別的異論的。該社是創立於明治三十四年七月一日，最初電報通信社及日本廣告股份公司是兩別的，於明治三十九年（一九〇六年）十二月才合併，而成爲今之股份公司日本電報通信。今略稱爲「電通」。光永星郎氏是創立者也是現任的社長。

美國的合同通信社的創立大略與電報通信社同時的，而兩社的提攜也幾乎始於創立的當時了。「合同」專供給歐美的 News 與電通，而電通供給中國日本及其他東洋方面與「合同」，兩者的關係日加密切。在美國 U.P.與A.P.對抗似的，在日本「電通」與「新聞聯合社」對抗，造成通信界的二潮流。

在日本在通信事業，最初是有羣小通信社爭立的現象，但其中「電通」是出人頭地的，今日在內地及殖民地設有二十四個支局，在海外有十一個支局，在日本全國的新聞紙不受該社的通信僅寥寥幾家。

該社大正十二年於東京福岡間完成八百哩的私有專用電話線，昭和三年於社內設備了照片電送，正是二大事業。電送照相於「朝日」「每日」的二新聞社內同時也設備了，但於通信社內設備，不但是日本即歐美也幾乎是少見的。

第九章　將來的大問題

第一節　合同的大勢

這書從新聞紙最古的起源說起直到現在的狀態，今將臨最後的一章，依順序應敍及新聞紙的將來。

去嘗試說明新聞紙的將來怎樣的問題的人，到現在是很多了；但其中，以前英國新聞記者協會 Brittish Institue of Journalists 的會長 Sir. Robert Donald 的豫言，尤有注意的價值（注）他於一九一三年會長任中，在「二十年後的新聞

（注）The newspaper world, Nov. 5, 1928.

紙」的題下，關於新聞紙的將來，試言了幾條豫言，然大部分不到二十年之中，大抵卽爲事實。最顯著者，他說到在那時的新聞界初現的新聞紙合同的傾向的形勢的一點，他說：合同的傾向今後繼續着成爲更大的組織，日刊新聞數漸次地減少，發行數的總額反比例的增加，今後不得示最少限度的五十萬以上的發行數的新聞紙，嚴格地說，不得說是民衆的機關，不能投巨額的資本於News於讀物，於發行，於販賣的，是漸被崩潰。說了這個豫言後十五年，卽去年十月二十四日再登記者協會演壇，於同一題目，再度豫言，當時又言及新聞合同的傾向，明言着，這種傾向不但是十五年後的今日不告終止，且今後二十年間尤益盛行，怕日刊新聞的販賣部數總額的九成要歸二三個集團手裏(group)全然離開這些集團(group)的新聞紙除了二三個地方夕刊，但全國剩不到六個的。

如唐納爾所說的，則合同是新聞紙界的大勢，通觀世界，這大勢實是可說是在那裏蠢動着。看美國的 Ayer's NewrPaper Annual (Ayer's 新聞年鑑)和米國的 Mitchell's 新聞總覽(NewsPaPer Diretory)，新聞紙年年減少的事是無疑的事實。新聞紙數的減少，不是發行數與販賣數的減少，這些是年年增加的，只有一個個的新聞紙合併，或廢業，致數目減少。

依據去年六月三十日的調查，美國的朝刊新聞數是四百零一，比半年前減十個，比一年半前減二十四個。夕刊新聞的總數一千五百三十一，但比前半年減七個，比前一年半中間減了二十九個。更與一千二十四年的夕刊數比，則知道減少七十九個。(注)

美國新聞紙這樣減少的原因，英國的記者(1) Arthur T. Robb. 舉出了第

(1) Editer andPublisher, July, 28, 1928.

(三) Arthur T. Robb, "Editor and Publisher"

一，用作新聞紙製造的諸器械的改良，逐次可省略勞力。第二，登廣告者對於新聞紙，要優越的販賣部數。第三，爲要得販賣部數，故不吝費用，多藏足引讀者的 News 及讀物。第四，編輯方面要專門記者，印刷方面要特殊的熟練職工，對他們不斷地增加賃金。第五，於意見相異的政敵間的競爭及疾視不像從前那樣激烈。第六，必要像由地方商 對販賣區域的各戶，一戶不漏的招求似的新聞紙，而對於讀者散散似的新聞紙不願去登廣告。

他更舉了於最近十年間特別助長合同運動的原因。(一)從前那種因政治上意見的相異而讀者偏重於代表這一方的新聞紙的傾向沒有了，今之新聞社方面知道收容能於一個新聞紙內的 News。登廣告者知道登廣告於單純的新聞紙上比登廣告於多方的新聞紙上爲利多費少；(二)歐洲大戰後一般生活費的高騰，致新聞社內勞働賃金的高騰，但於戰後實施的新聞紙費提高，不足償之，故欲提高廣告費率與之相殺。(三)歐戰前送到社內來的印刷用紙價一噸四十美金，開戰後不久驚於製紙材料不足之聲，致在工場交貨的一噸暴騰至三百美金，這因(一)製紙業者的無法協定，(二)盛行輸出外國所致。從一九二〇年到現在，則紙價大概是安定的，卽此，而用紙價，在工場交貨一噸也要上下於六十美金至六十五美金之間，比戰前約高六成，而消費量與戰前不能比較地增加。(四)世界大戰以來美國的新聞紙求記事的範圍及於廣大的世界中，歐洲的新聞紙每天不過載一段的美國 News，反之，美國新聞紙，卽平日，若是一登就集了十六 P. 這般多的外國電報。中國的戰事比 Mississippi R. 的洪水，San Francisco 的地震還要詳細，南非洲發現金鋼石礦比起三十年前美艦蠻號的沉沒還要多報告。投了多額費用去蒐集這些材料等是添合同的氣勢的。

要之費用須多及現於紙上的政見之爭的消長這二種添加合同的氣勢，這不但限於美國，是於任何國共見的現象。現在英國也示出新聞紙減少的傾向，依唐納爾氏，則一九一三年倫敦的朝刊新聞數十九，但今日減至十四，同一個時期有六種夕刊今存其三，至於地方新聞，於此期間也滅亡了十餘個，新創立的只不過一個吧了。連日刊週刊算起來：於最近七年間在英國消滅的新聞紙數及三百了。再依本年的「Michells 新聞總覽」前年有二千百五十種新聞紙，去年成為二千九十八種了，減少五十二。至於德國蘇聯，其減少的程度是很大的。法國於戰前巴黎的日刊新聞約百數，但今只五十六種。這種大勢怕早晚要流到日本來的，新聞紙數也漸次地要減少吧，但現在，還沒看見這種傾向。

在歐美諸國，新聞紙數這樣地減少這是大新聞合併小新聞的結果。最易於說明這事實，是在美國從前有了一個以上的新聞紙的發行的都市數漸減，反之，單有一個新聞紙的都市漸增。比較最近五年的統計則於一九二三年七月一日，一市一紙的都市數爲七八二，但一九二八年的七月一日成了一九五，其增加爲一成七。與此反對的，有一個以上的新聞紙的都市數，於一九二三年爲五一三，但於一九二八年爲四一八，卽正減少九十，爲一成七四的減少率。

今日美國的大都市中有一個以上的是：紐約，支加哥，費爾城 Philadelphia, San Francisco, Losangeles, Boston, New Orleans, Washington, Cincinnate, Massachusetts, 州的 Sping gronuo Kansas city, 這十三市中，其中有二個朝刊以上的是紐約，費城， Losangeles 及 Boston 四處，有朝刊三個以上的，在全美國祇紐約市一處，還有普通形四種，及 typist 型的二種新聞紙。

更就其增減之跡於各州調查之，則最顯著的是加里福尼亞州，五年間一紙市由三十五增至五十七。其次爲 Florida 州由十增至十九， Jllinois 州由四十四增至五十七。

尋求這種一紙的都市數的增加的原因，第一，從來一個新聞紙沒有的小街市次第發達致到祇新發行了一個新聞紙，這就是創立一社。第二，從前有一個以上新聞紙的都市，其新聞紙互相合爲一個，此卽新聞紙的合併。新聞紙的合併更有二種，(一)大略相對立的新聞紙合爲一，更有一種，是強大的新聞紙合併其他弱小的。

本來新聞紙合爲一個比互相對立着競爭於各點上都爲有利。由二爲一，在新聞紙的製造費上不容說是經濟的了，卽應稱爲新聞紙的生命廣告上不論新聞社方面，登廣告者方面利益均多新聞社方面，本分爲二起的廣告得獨占於一個新聞紙上，廣告主方面，本要給二處的廣告費，祇要一處就可以了。單有這些利益，也能助新聞紙到合併的傾向了。

於這樣的合併爲一以外，還有新聞紙仍照本來的發行一個以上的紙但資本是合的，是在一社統制之下經營數種的新聞。現在就右舉的發行一個以上的新聞紙的四百十八個都市內，由一社經營一個以上的新聞紙的都市數到八十七處。不內行的人欲想着，這是故意發行一個以上的新聞紙但於同一的資本主之下，同一的經營方針，取同一的編輯體裁，標榜同一政治上的主義，這不是沒有特地去分爲一個以上必要嗎。但是在合起資本去經營新聞事業的人的頭裏，新聞紙的經營總是營業本位的，故對於分爲一個以上是有損似的事是不考慮的。

是股份公司故同一資本主，是營業本位故同一營方針，大抵可以察見了。但是編輯的體裁與政治上的主義等是未必同一的，在同一資本主下而各新聞紙判然示着民主共和二黨的色彩，這種社也有幾個。設舉例則如Massachusetts州Spring ground

於同一資本主下發行四個新聞紙但四個各自有獨自的編輯方針，演相當激烈的競爭。再如在Rochester市的Rochester Democracy and Crowcle和Times Union」二種新聞紙，都屬於Gannett系所有，但前者揭純然民主派的旗幟，後者稱獨立不羈，但共和派的色彩頗濃。在英國也是這樣的Lothermere系和Berry系，在政治上的關係是完全反對的但平氣地收買過來集在一手。現在Lothermere近頃在South Wales收買的Swansea的「Converren Reader」是自由派的新聞而「South wales Daily Post」是屬保守派的新聞。更如Berry於同地有着高榜保守主義的加地夫的「Wensday mail」與「Evening Express」但新的自由派色彩很濃厚的同樣的加地夫的「South wales news」及「South wales Echo」的二種加入其集團group中了。

若資本主同一則辦一個是好的，但這裏又有一個不可能的理由了。從營業本位出發而有編輯方針不同的新聞紙，這是已述之於右，但此外，從廣告上看，也是出一個以上的新聞紙爲有利益。例如，這市內有三個新聞社，這三個被同一的資本家收買去，合併爲一。於是，從前分載於三處的廣告現在集爲一個了，所以新聞紙方面始終有合算的，而廣告主方面也比較便宜了，可是分登於三個新聞的廣告的分量，到底不能登載於一個的新聞紙上，若強爲收容，則勢必做成儘廣告記事幾沒有的新聞紙了，再與廣告的分量成比例則非增加記事不可，記事增加則紙面增加，所謂「增加P.」。若增加P.則不如保存那原有的三個方面爲合算的計算。還有一層，從前三個新聞紙互相獨立時，恐懼廣告主單登於其中之一而不登別個廣告，那種時候是於三個全去登或一個也不去登，但是三個的主人是一個人了，那末不論登其中的那一個，都可不必客氣，故從來不登一切的廣告者也登了，不但如此，若主人是一個了，對於登廣告於三個新聞紙，有聯合廣告費(Combination Rate)即打大折扣而得便宜的廣告費，因此廣告主登於一個或登於三個，一切自由，若登於三個可稍便宜。三個新聞紙合而為一沒有奉贈但比強迫服從要給高率的廣告費好多了。實際上若三合為一，廣告費不到三倍，故提高相當的價格是必然的也是當然的。

第二節　新聞集團(Group)

從以上所述的新聞紙的合併，或一資本主的大聯合經營是滔滔的世界大勢。我欲說的從現在起。

一資本的聯合經營的一句語也許不夠，但在一資本主經營下發行多數的新聞雜誌，稱為 Chain 或 group。美國的新聞雜誌有 He rst 系和 Scripps-Howard 系的 group 英國有 Lothermere 系的 Group，這是人所共知的，今以此作爲說明的順序，對這些 group 試加以觀察。

一　美國

依外國關係評議會(Council on Foreign Rela-tions)發行的本年度版報告，(注)則知合衆國全部約有五十新聞紙的 group，其販賣數的總額當全國日刊新聞販賣數總額的四成。今舉其中大者於下：

(甲) Scripps-Howard系在 New york，greenland，Bal timore，Srn Francisco，等二十五處重要都市發行二十六種新聞。這個在一八七八年由 E. W. Scripps 和 Milton A. McRac共同創立，初入手時是 Greenland Press，漸擴至太平洋沿岸及南中央與諸 Ohio 州及其他，於各地開始發行夕刊的小新聞。起初資本微

(注) The political Haudbook of the world (issued by the Council on Foreign Relation)

少便用人數也不知，萬事都極小規模的，以後漸次發達，這是一九二一年以來的事，從這年起開始急切地創刊多數地方新聞及收買。至一九二三少壯氣銳的Roy W. Howard 新加入，創立者的兒子 Robert P. Scripps 繼父業，改前名Ucripps Mcrac 爲 Scripps-Howard，得遂一躍自覺的發展。這年投了一千二百四十萬元收買 Pittsburgh Press 一事，正是劃分新聞系的一個時代。從此收買後所收買的，一九二六的末到次年初在 Denver Mem his 及 Knoxville 等處，行前例所無的大聯合，此爲最初染手於朝刊新聞。

從這年起到現在，雖沒有新收買，但從近頃舉行巨額社債的募集，信其最近又將大飛躍了。該社發行之二十六種新聞如左：

New York Telegram	Pittsburgh Press
Cincinati Post	Akron Times'Press

Toledo News'Bee

Youngstown Telegram

Evansville Prees

Columbus Citizen

Birminhgam Post

Baltimore Post

Washington News

Fort worth Prees

Oklahoma city News

Denver Evening News

Denver Rocky Mountain News.

Clevel and Prees

Indi-napolis Times

Terre Haute Post

Convington Kentucky Post

Memphis Prees'Scimitar

Knoxvilli News'Sentinel

Houston Prees

El Paso Post

San Diego Sun

San Francisco Daily News

Albuquelque New Mexico State Journal

（乙）Hearst Newspaper的總大將是有名的 Willim Randolph Hearst，再不待說明了。他是上院議員 Hearst 的兒子，生在百萬長春之家。於一八八七年，他的父親說「不要做無益的事」故送給他 San Francisco Exa Mition 這是 Hearst 到新聞界的第一步。但是他不甘永蟄於加州一角的田舍新聞，不久卽至紐約漸開始做無益的事了。那時他收買了那時幾陷於衰滅的 Morning Journal，他有傾他所有的全力全財產之勢，拮据去經營，與 Pulizter 的 world相對峙繼續激烈的競爭，這卽現今的 American Journal 爲識者所不齒似的低級新聞紙，但最後成了佔全國第一位的販賣部數。他乘氣進出於支加哥，波斯頓，華盛頓，Los Angeles, Wiscosin, Detroit, Seattle, Milwankee，等處，且到處收買新聞紙，加入我囊。自前年那大收買 Pittsburgh 後，也漸向收縮之路前進，沒有利益的新聞漸次停止，如廢在 Baltimore 的 American 及 Oakland 的 Times。一時 Hearst

在紐約，波斯頓，支加哥， San Franeisco 及 Detroit 等二十三處大都市，經營有二十六種新聞紙，因近年屢次廢刊讓渡，不得知明白的數目，左單乃舉其要者：

New York American.

Boston American.

San Francisco Examiner

San Francisco Call.

Los Angeles Examiner

Atlanta Georgian-American.

Washington Hearld.

Baltimore News.

New York Journal.

Chigac , Herald and Examiner.

Chigaco American.

Los Angeles Herald.

Seattle Post-Intelligencer.

Oakland Post Enquire

Washington Times

Detroit Times.

Albany Times-Union.　San Antonio Light.

Milwaukee Sentinel and Sunday Sentinel-Telegram.

Milwaukee Wiscosin News.　Syracuse Journal Telegram And Sunday.

Rochester Times and Sunday American.

右外(丙)爲Gannett NewsPaper是前二者的次一個，Frank E. Gannett在康奈爾大學求學中已爲Ithaca News的外勤記者，因此收買同紙及Ithaca Journal，合併之改稱爲Journal News從這時開始。他從當地方小新聞的主筆兼社主的萬般事務的經驗，得有自信，次第擴收買之手於New England諸州及中央太平洋沿岸諸州。(丁)Ira c capley系，是被稱地方小新聞的最大者，在加州有多數的新聞紙。Paul Black系初爲廣告代理業者而入於新聞界的Black創設的，以優待職員聞。Mrs James S. Scripps系是前述之Scripps的兒子James Scripps

死後，他的未亡人離了 Scripps Herald 系而於一九二一年創立的。

其他尚有，但很煩雜的，故略而不談。

二 英國

（甲）Lothermere Newspaper 系 Sim Lothermere 是 Northcliffe的胞弟很早就助其兄，與新聞事業有關係的，至於他的理財之才，Sir Northcliffe 實在遠不及之。Northcliffe 在世時，已經引渡給他一部分的新聞去經營，但自腦卿死後除泰晤士以外繼承一切的新聞雜誌。

一 Northcliffe Newspaper 新聞公司

二 Associated Newspaper 聯合新聞公司

三 Daily Mirror Newspaper 新聞公司

四 Sunday Pictorial Newspaper 日曜日攝影新聞公司

五 Daily Mail Trust 托拉斯

六 Empire Paper Mills 製紙工廠

七 Anglo-Newfoundland Development Company 拓植公廠

經營這些大公司及很多的新聞雜誌的發行。在右內，的 Northcliffe (New-lspaper) 公司，去年以三億七千五百萬元創立的，握地方新聞界的霸權從來與B rry 兄弟對抗的於 Manchester Birmingham, Fristol, Newcastle, GlaGow, 等處開始發行地方夕刊與英國的地方新聞予非常好聲。(注)還有第二段的事業即漸侵入於 Berry 系新聞紙獨占的 Nottingham, Sheffield, Edinburgh, Aberaen, Liverpool, Hull, Leicester, 而新經營新聞紙了。

Lothermere 原名是 Harold Harmsworth, 一九一四爲男爵一九一九昇爲子

(注) The British Press, 1929.

爵，其時六十歲。他的事業與他的弟弟 C cil Bisshop，Sir. Hildebrand Aubrey，Sir. Robert Leceister Harmsworth，等皆有關係的。(一)

其重要的新聞紙：

Daily Mail Daily Mirror Evening News weekly Dispatch. 和近來着手的地方新聞。

(乙) Allied Newspaper 系是 Sir. william Berry Sir. Gomer Berry 二兄弟所辦的一團新聞雜誌，這二兄弟最初在 wales 經營新聞，後在倫敦 Sunday Times 做過事，故進出於倫敦。因收買 Financial Times 及其他，故漸次擴充店業，到一九二四年染手於 Manchester 的諸新聞，次年染手於 Scottland 的諸新聞，到去年正月從倫敦的 Daily Telegragh 社主 Sir. Bornam 那裏收買到該報，現

(一) Editor ana Publisher, Feb, 18, 1928.

實握新聞紙界的霸權。現在所有的定期刊物，日刊新聞二十二種，週刊八十，月刊年刊說是約有一百。Berry 兄弟與 Lothermere 不同，他們是寡言深居的人，不安然地露面世間，只是默默地精進事業，兄五十歲，弟四十六歲。其重要的新聞：

Sunday Times, Daily Telegraph, Daily Sketch, Financial Times 等和地方新聞。

(丙) 此外握有倫敦的 Daily News 及幾個地方新聞的 Sir. Charlea Stamer NewsPaper 和有着 London 的 Daily Evening 及其他地方新聞的 Willaim Harrison NewsPaper 等。

還有二社即 Iliffeand 和 Ben brother，但他們不過發行幾種 Trade paper 而已。

三　德國及其他。

德國一九〇五年起 August Scherl 和 Rudolf Mosse 與 Ullstein 三家着手新聞紙的併合事業，但其後因歐洲大戰與通貨的膨脹，故約一千個新聞雜誌倒潰，致他們的事業意外的急速進展，現在德國全國約四千的新聞紙雜誌內，其三分之二是屬於他們的。

Scherl 是發行有名的踏舊家但被郭魯蒲工場的總理事 Alfred Hugenberg 及其他的同路的人有極便宜的價格收買了，由此產生 Scherl Hugenberg 新聞系，這組合經營着銀行一，商業公司一，廣告代理業一，國際電報事業一，電影公司一，依此力盛行新聞紙的收買而企圖合併與創立。

組織最完備的是 Ullstein 自一九一九年來屢次收買新聞雜誌，在今日德國全國的四千種新聞雜誌內的八百是他統制的，一方又伸手去做那伴着新聞事業的各種的附屬事業，經營着製紙工場，印刷工場，紙型工場，廣告代理，新聞通信事業，電話交換業，電影等。

這三家祇汲汲於獲得利益，夠不上設備的完備，而其發行的新聞雜誌也多道德上智力上的缺陷，故評判是不十分好的。(注)

在法國可認為集團的沒有。至於蘇聯與意大利。(group)集團是不能說，但都在一種專制政治下，政府統一國內的新聞，那無理的強使步調的一致的一點，稍有注目的價值。

第三節

由大資本統一時比分立於個個小資本時，錢多所以新聞紙的設備能如意去

(注) The NewsPaper World, Oct. 6,1928,

做，這是不待說明了。從前小資本所不能的如蒐搜貴重的材料，收招優秀的人物，通信機關的完備，販賣機關的改良，新聞的編輯，印刷，販賣及新聞紙的副業的各種社會事業不論那方人了不得改良進步的是沒有了。如因現在 Sir Lothermere 的地方新聞的經營故於英國的地方新聞來了個恐慌，這是因中央的 Daily mail 將用莫大的金錢與人得來的好新聞送到地方，而中央的大新聞同樣的新聞現於地方新聞，故本來的地方新聞一個也不能維持的潰敗了。已故的 Sir Northcliffe 單提了泰晤士和密勒，即有爲輿論的製造者，有內閣的改廢者之勢，而使世間恐懼。

這種勢力現在更進者，從一市一紙的傾向，進至一州一紙的傾向，最後豈不是要到一國一紙嗎？最少限度一個或二個大的新聞系統轄全國所有新聞紙，大小的地方新聞皆由中央的一二個新聞系牽制的時代，豈不將到來了嗎。即在日本得遂不自然發達的東京大阪的大新聞的地方版似的，最後也收地方的小新聞於大新聞的傘下，成一個大統一同時不是有消滅的嗎。因此，最後的行止，如在法國的作家 Andre Maurois: The Next Chapter（次章）裏寫着五個大新聞系主人，他們即所謂「輿論的執政」，不是一國左右愚純世界的政治嗎。

在不知一國一紙或要成一國一二紙系之時候，其勢力殷然與一國的政府相若，一種歷史上未曾有的強大的制度（Institution）將出現了，這是今後應注目的事件。

在一切的設備沒有不全時代的新聞紙，誠發揮歷史上沒有先例的報道機關的能率，但同時這種時代的新聞紙——於今日或種新聞紙已是這樣了——恐怕還不甘於爲一個報道機關。

於當報道機關以外，那無所不能的新聞紙究竟要成什麼哪！

图书在版编目（CIP）数据

新闻概论 /（日）杉村广太郎著；王文萱译. —北京：中国传媒大学出版社，2018.3
（中国近代新闻学名著系列丛书 / 芮必峰主编）
ISBN 978-7-5657-2257-8

Ⅰ.①新… Ⅱ.①杉… ②王… Ⅲ.①新闻学 Ⅳ.① G210

中国版本图书馆 CIP 数据核字（2018）第 042615 号

中国近代新闻学名著系列丛书
芮必峰 主编
新闻概论
XINWEN GAILUN

著　　者　〔日〕杉村广太郎
译　　者　王文萱
策划编辑　司马兰　姜颖昳
责任编辑　姜颖昳
封面设计　拓美设计
责任印制　阳金洲

出版发行　中国传媒大学出版社
社　　址　北京市朝阳区定福庄东街 1 号　　邮编：100024
电　　话　86-10-65450532 或 65450528　　传真：010-65779405
网　　址　http://www.cucp.com.cn
经　　销　全国新华书店

印　　刷　北京华联印刷有限公司
开　　本　787mm×1092mm　1/16
印　　张　17.5
字　　数　130 千字
版　　次　2018 年 6 月第 1 版　2018 年 6 月第 1 次印刷

书　　号　ISBN 978-7-5657-2257-8/G·2257　　定　价　68.00 元